Frankreich ins Werk gesetzt wurde. Aber schon nährt sich auch die sozialistische Bewegung aus den Erfahrungen der Französischen Revolution, besonders der Spanne, die von 1793 zu Babeufs Verschwörung der Gleichen 1796 geführt hatte.

Zur Wirkungsgeschichte der Französischen Revolution außerhalb Frankreichs und in der weiteren französischen Geschichte vgl. das Quellenheft: Irmgard A. Hartig – Paul Hartig, Die Französische Revolution im Urteil der Zeitgenossen und der Nachwelt. In: Tempora – Quellen zur Geschichte und Politik.

Zeittafel

1774	Thronbesteigung Ludwigs XVI.
1774–76	Versuch einer aufgeklärten Reformpolitik unter Turgot und Malesherbes
1775 April–Mai	„Mehlkrieg", Aufstandswelle gegen die Steigerung der Getreidepreise, die infolge der Freigabe des Kornhandels durch Turgot eintrat.
1776	Unabhängigkeitserklärung der nord-amerikanischen Kolonien Englands und Erklärung der Menschenrechte in Philadelphia
1778–83	Frankreich unterstützt den amerikanischen Unabhängigkeitskrieg gegen England.
1786	Französisch-englischer Handelsvertrag
20.8.	Calonne schlägt dem König zur Rettung vor dem Staatsbankrott einen Reformplan vor.
1787	
22.2.	Die aus Adligen zusammengesetzte Notablenversammlung weigert sich, Calonnes Reformplan zuzustimmen, Beginn der „Adelsrevolte".
8.4.	Entlassung von Calonne und Berufung von Loménie de Brienne
25.5.	Auflösung der Notablenversammlung nach erfolglosen Verhandlungen
Juni	Reformedikte Briennes (u. a. erneute Freigabe des Kornhandels)
16.7.	Ablehnung der Reformpolitik durch das Pariser Parlament, das die Einberufung der Generalstände verlangt.
14.8.	Verbannung des Pariser Parlaments, Brienne muß jedoch seine Reformedikte zurücknehmen.
1788	
Mai–Juni	Konflikt zwischen König und Parlamenten spitzt sich zu. Scharfe Reaktionen gegen die königlichen Edikte in den Parlamentsstädten Dijon, Toulouse, Pau, Rennes. In Grenoble Straßenkämpfe, wobei das Volk auf der Seite der Privilegierten gegen die königliche Regierung steht.
Sommer	Schwere Mißernten (vor allem im Weinbau) in fast ganz Frankreich. Deren Folge: Teuerung der Grundnahrungsmittel, Textilkrise, Arbeitslosigkeit, Bettlerscharen
21.7.	Versammlung von Vizille (Dauphiné): Der Dritte Stand gibt hier den Ton an und erhebt nationale politische Forderungen.
8.8.	Der König gibt der Forderung nach Einberufung der Generalstände statt.
Ende August	Verbot der Getreideausfuhr. Ablösung des Ministeriums Brienne durch Necker
21.9.	Konflikt zwischen den Privilegierten und dem Dritten Stand über Vorbereitung der Generalstände: Das Parlament von Paris will den Wahlmodus von 1614, der dem Dritten Stand kein echtes Mitspracherecht gewährt.
27.12.	Beschluß der Regierung über Verdoppelung der Kopfzahl des Dritten Standes bei den Generalständen, ohne Entscheidung, ob Abstimmungsmodus nach Köpfen oder Ständen gelten wird.

1789	
24.1.	Der König bestimmt den Wahlmodus zu den Generalständen: Die Abgeordneten des Dritten Standes werden in den Gerichtsbezirken von den Delegierten der Gemeinden gewählt. Diese Delegierten werden auf Grund einer allgemeinen Wahl von männlichen Franzosen gewählt, die mindestens 25 Jahre alt und in den Steuerrollen eingetragen sind. Gleichzeitig werden die Gemeinden aufgerufen, Beschwerdehefte (cahiers de doléances) aufzustellen.
März–Mai	Hungerrevolten in Südost- und Nordostfrankreich. In Paris Arbeiterunruhen gegen den Unternehmer Réveillon (28.4.). Flut politischer Broschüren. Wahl zu den Generalständen
5.5.	Eröffnung der Generalstände durch den König, dessen Rede die in ihn gesetzten Erwartungen enttäuscht.
6.5.	Der Dritte Stand erklärt sich zum „Unterhaus" (Communes).
17.6.	Das „Unterhaus" erklärt sich zur Nationalversammlung und ruft die anderen Stände auf, sich ihm anzuschließen.
20.6.	Ballhausschwur
23.6.	Der König massiert Truppen um Paris und Versailles und löst so Furcht vor einem Gewaltstreich aus.
9.7.	Die Nationalversammlung erklärt sich zur Verfassunggebenden Versammlung.
11.7.	Der König entläßt den Minister Necker.
12./13.7.	Bildung einer Bürgergarde in Paris und Demonstrationen gegen die Entlassung Neckers: die Truppe schießt auf Demonstranten.
14.7.	Volksaufstand: Einnahme der Bastille
15.–31.7.	„Munizipalrevolution": Einsetzung revolutionärer Stadtverwaltungen und Aufstellung bürgerlicher Nationalgarden in ganz Frankreich
20.7.	Beginn der „Großen Furcht" auf dem Lande
4.8.–5.8.	Nachtsitzung der Nationalversammlung, in der die Abschaffung der Privilegien beschlossen wird.
11.8.	Der König verweigert die Zustimmung.
26.8.	Erklärung der Menschen- und Bürgerrechte
5./6.10.	Unruhen in Paris. Demonstrationszug von Frauen nach Versailles: Der König wird nach Paris geholt.
16.10.	Die Nationalversammlung verlegt ihren Sitz nach Paris.
2.11.	Nationalisierung des Kirchenvermögens. Es sollte zur Deckung der Staatsschulden verkauft werden.
19.12.	Schaffung von „Assignaten", die durch die Kirchengüter gedeckt waren.
22.12.	Neueinteilung Frankreichs in Departements
1790	
Januar	Bauernunruhen in West- und Mittelfrankreich
21.3.	Abschaffung der Salzsteuer
April–Juni	Bauernerhebungen und gegenrevolutionäre Unruhen im Südosten
17.4.	Die Assignaten erhalten Geldwert.
19.6.	Abschaffung des Adels
12.7.	Zivilverfassung des Klerus
14.7.	Fest der Föderation zum Jahrestag des Bastillesturms
16.8.	Abschaffung der Feudalgerichtsbarkeit

6.9.	Abschaffung der Parlamente, der bisherigen Gerichtshöfe
21.10.	Die Trikolore wird Frankreichs Nationalfahne.
31.10.	Aufhebung der Binnenzölle
1791	
2.3.	Gesetz Allarde: Abschaffung der Zünfte, Gewerbefreiheit
10.3.	Der Papst verurteilt die Zivilverfassung des Klerus.
14.6.	Gesetz Le Chapelier: Streik- und Koalitionsverbot
20./21.6.	Fluchtversuch der königlichen Familie; Verhaftung in Varennes und Rückführung nach Paris
16.7.	Erste Spaltung des Jakobinerklubs: Die gemäßigten Feuillants ziehen aus.
17.7.	Lafayette läßt auf eine republikanische Demonstration auf dem Champ-de-Mars schießen.
Sommer	Schlechte Ernte in vielen Gegenden
27.8.	Erklärung von Pillnitz: Die europäischen Monarchien drohen der Revolution.
3.9.	Fertigstellung der Verfassung von 1791
14.9.	Eid Ludwigs XVI. auf die Verfassung
1.10.	Zusammentritt der Gesetzgebenden Versammlung: kein Mitglied hat der Verfassunggebenden Versammlung angehört. Nach dem Zensussystem sind 745 Abgeordnete gewählt worden (die meisten unter 30 Jahren): 264 Rechte (Feuilllants), 345 Unabhängige (Zentrum), 136 Linke (Jakobiner im weiten Sinne).
20.10.	Brissot eröffnet die Propaganda für den Krieg.
9.–11.11.	Dekret über die Emigranten und Veto des Königs dagegen
3.12.	Geheimes Ersuchen Ludwigs XVI. um preußische Intervention
7.12.	Berufung einer Feuillants-Regierung
29.12.	Bewilligung von Kriegskrediten
1792	
Januar–März	Versorgungsunruhen auf dem Lande und in Paris
15.3.	Die Gironde (bis dato noch eine Fraktion innerhalb der Jakobiner) an der Regierung beteiligt
20.4.	Kriegserklärung der Gesetzgebenden Versammlung an Franz II.
28./29.4.	Rückschläge der französischen Armee im Norden des Landes
27.5.	Dekret gegen die eidverweigernden Priester
4.–11.6.	Königliches Veto gegen dieses Dekret sowie gegen die Aushebung von 20000 Nationalgardisten
12.6.	Gironde-Minister vom König entlassen
20.6.	Massendemonstration gegen die Obstruktionspolitik des Königs
11.7.	„Das Vaterland ist in Gefahr“: Der Notstand wird ausgerufen.
25.7.	Manifest des Herzogs von Braunschweig
10.8.	Bildung einer revolutionären Kommune in Paris durch die Sektionen. Erstürmung der Tuilerien mit dem Ziel, den König abzusetzen.
11.8.	Einberufung eines „Konvents“ auf Grund allgemeinen Stimmrechts
19.8.	Fahnenflucht Lafayettes nach einem Versuch, gegen Paris vorzugehen.
23.8.	Die Preußen nehmen Longwy ein.
2.9.	Kapitulation von Verdun

2.–6.9.	„Septembermassaker" in Paris und in der Provinz: die erste Terreur (Schreckenszeit)
20.9.	Sieg der revolutionären Armee bei Valmy. Zusammentritt des Konvents; die Girondisten bilden jetzt die Rechte; das Zentrum, „Sumpf" oder „Ebene" genannt, stützt bis Juni 1793 die Vorherrschaft der Gironde; die Linke bildet die Bergpartei (Montagne).
21.9.	Abschaffung der Monarchie
22.9.	Es beginnt eine neue Zeitrechnung: das Jahr I der französischen Republik.
10.10.	Zweite Spaltung des Jakobinerklubs: Ausschluß von Brissot, d. h. der Girondisten
Oktober	Rückzug der Preußen. Die Franzosen besetzen Mainz und Frankfurt a. M.
6.11.	Französischer Sieg bei Jemappes. Besetzung Belgiens
November–Dezember	Bauernunruhen in der Beauce zwecks Reglementierung der Getreidepreise
11.12.	Beginn des Prozesses gegen den König

1793

21.1.	Hinrichtung des Königs
1.2.	Kriegserklärung an England und die Niederlande
14.2.	Dekret über die Aushebung von 300000 Mann
25./26.2.	Pariser „Ladensturm" wegen der Versorgungsschwierigkeiten
7.2.	Kriegserklärung an Spanien
10.3.	Schaffung des Revolutionstribunals
11.3.	Beginn der royalistischen Rebellion in der Vendée
18.3.	Niederlage der französischen Truppen unter Dumouriez bei Neerwinden
5.4.	Fahnenflucht von Dumouriez
6.4.	Gründung des Wohlfahrtsausschusses auf Antrag von Danton
29.4.–29.5.	Beginn der Gegenrevolution in Marseille und Lyon
31.5.	Massendemonstration gegen die Gironde in Paris
2.6.	Volksaufstand und Sturz der Gironde
6.–13.6.	Beginn der föderalistischen Rebellion in mehreren Provinzen
24.6.	Annahme der seit dem Sturz der Gironde ausgearbeiteten republikanischen Verfassung (Jakobinerverfassung) durch den Konvent
10.7.	Danton scheidet aus dem Wohlfahrtsausschuß aus.
13.7.	Ermordung von Marat durch Charlotte Corday
17.7.	Vollständige, entschädigungslose Abschaffung der Feudalrechte
23.7.	Franzosen kapitulieren in Mainz.
26.7.	Todesstrafe für Warenhortung
27.7.	Robespierre tritt in den Wohlfahrtsausschuß ein.
10.8.	Verkündung der Verfassung nach Ratifizierung durch eine Volksbefragung. Fest der Einheit
23.8.	Dekret über das Volksaufgebot (levée en masse)
27.8.	Royalisten liefern Toulon an die Engländer aus.
4./5.9.	Die Volksbewegung demonstriert und verlangt Terror gegen die Feinde der Revolution und Schaffung einer Pariser Revolutionsarmee.

17.9.	Gesetz über die Verdächtigen: Beginn der „Terreur“ (Schreckensherrschaft)
29.9.	Dekret über das allgemeine Maximum, die Höchstpreise für Waren und Löhne
5.10.	Einführung des republikanischen Kalenders
10.10.	Beginn der „Revolutionsregierung“ unter Führung des Wohlfahrtsausschusses
10.10.	Beginn der „Entchristianisierungskampagne“
31.10.	Hinrichtung der Girondeführer
10.11.	Fest der Freiheit und der Vernunft in Notre-Dame
22.11.	Beginn der Kampagne gegen die „Nachsichtigen“ – Danton und den rechten Flügeln der Jakobiner – und gegen die Volksbewegung, die äußerste Linke und die Entchristlichung
12.12.	Erfolg gegen die Vendée-Rebellen
19.12.	Rückeroberung von Toulon
1794	
4.2.	Abschaffung der Sklaverei in den französischen Kolonien
10.2.	Selbstmord von Roux
26.2. –3.3.	Ventôse-Dekrete zur Entschädigung der Armen durch den beschlagnahmten Besitz der Revolutionsfeinde
21.–24.3.	Prozeß und Hinrichtung der linken Flügelfraktion der Hébertisten
27.3.	Auflösung der Pariser Revolutionsarmee
2.4.–5.4.	Prozeß und Hinrichtung der Dantonisten („Nachsichtigen“)
4.6.	Robespierre Präsident des Konvents
8.6.	Fest des Höchsten Wesens, Triumph Robespierres
10.6.	Prairial-Gesetz über das Revolutionstribunal („Großer Schrecken“)
26.6.	Französischer Sieg über die Österreicher bei Fleurus
27.7.	= 9. Thermidor: Sturz der Robespierristen, Beginn der Herrschaft der Thermidorianer
28.–30.7.	Hinrichtung von Robespierre, Saint-Just und von über 100 seiner Anhänger ohne Prozeß
24.–31.8.	Abbau der Revolutionsregierung
12.11.	Schließung des Jakobinerklubs
24.12.	Abschaffung des Maximums der Preise
1795	
1.4.	Germinalaufstand, sich abzeichnende Niederlage der Volksbewegung
5.4.	Friede mit Preußen in Basel
20.–23.5.	Niederlage der Volksbewegung im Prairialaufstand
31.5.	Abschaffung des Revolutionstribunals
23.8.	Verbot der Volksgesellschaften
23.9.	Verkündung der Direktorialverfassung
5.10.	Niederschlagung eines royalistischen Aufstands durch den General Bonaparte
26.10.	Auflösung des Konvents
30.10.	Babeuf veröffentlicht sein „Manifest der Plebejer“.
3.11.	Regierungsantritt des fünfköpfigen Direktoriums
1796	
10.4.	Beginn des Italienfeldzugs unter dem General Bonaparte

10.5. Verhaftung Babeufs und seiner Anhänger: Scheitern der „Verschwörung der Gleichen“

1797

27.5. Hinrichtung von Babeuf und seinen Mitverschworenen

4.9. Anti-royalistischer Staatsstreich vom 18. Fructidor, durch Manipulation des Wahlergebnisses zur Gesetzgebenden Körperschaft

30.9. „Zweidrittelstaatsbankrott“ und Währungsstabilisierung. Ende der Inflation

17.10. Friede von Campo Formio mit Österreich

1798

11.5. Kleiner Staatsstreich vom 22. Floréal, durch Manipulation des Wahlergebnisses zugunsten des Direktoriums

19.5. Beginn der Ägyptenexpedition unter Bonaparte

16.11. Zweite Koalition – Österreich, Rußland, England – gegen Frankreich

1799

9./10.11. Staatsstreich vom 18. Brumaire: Sturz des Direktoriums, Bonaparte Erster Konsul

15.12. Proklamation der Konsulatsverfassung

28.12. Die Kirchen werden wieder sonntags geöffnet

1800

13.2. Gründung der Bank von Frankreich

17.2. Gesetz über die Verwaltung Frankreichs (Einrichtung der Präfekten in den Departements)

1801

15.2. Friede von Lunéville: Das linke Rheinufer fällt Frankreich zu.

1802

20.5. Wiederherstellung der Sklaverei in den französischen Kolonien

18.4. Feierliche Verkündung des Konkordats zwischen dem Papst und Frankreich

2.8. Bonaparte Konsul auf Lebenszeit

4.8. Neue Konsulatsverfassung

1803

7.4. Einführung der neuen Franc-Währung

12.4. Bestätigung des Koalitionsverbots

1.12. Einführung des Arbeitsbuches zur Kontrolle der Arbeiter

1804

24.3. Verkündung des Code civil, des neuen bürgerlichen Gesetzbuches, das die sozialen Errungenschaften der Revolution festhält.

18.5. Bonaparte Kaiser der Franzosen (Beginn des Empire), bei erblicher Kaiserwürde

6.11. Plebiszitäre Bestätigung der neuen Verfassung und Dynastie

2.12. Kaiserkrönung Napoleon Bonapartes in Anwesenheit des Papstes

I. Aufklärung: Revolutionierung der Geister

Die Französische Revolution ist häufig als die Tochter der Aufklärung beschrieben oder auch verächtlich abgetan worden als das Ergebnis einer Verschwörung von Philosophen und Freimaurern, die beschlossen hatten, das bestehende Herrschaftssystem zu stürzen. Keine dieser Formeln ist geeignet, den Ausbruch der Revolution zu erklären. Wir kennen heute recht gut die Verkettung von Faktoren politischer und sozio-ökonomischer Natur, die 1789 die Revolution ausgelöst haben. Aber damit die Französische Revolution zu jenem Epochenereignis werden konnte, in dem die Grundlagen der modernen Demokratie gelegt wurden, bedurfte es nicht nur der objektiven Voraussetzungen, nicht nur der Entschlußkraft der Revolutionäre, sondern auch der Sprengkraft der neuen Ideen, die den Weg weisen konnten. Daher läßt sich die Betrachtung der Revolution nicht von der der Aufklärung trennen.

Die Aufklärung, eine von England ausgehende gesamteuropäische Bewegung, unterwarf alle bestehenden Institutionen und Denksysteme der Kritik. Zwischen der Glorious Revolution 1688 in England – deren Theoretiker John Locke war – und dem Amerikanischen Unabhängigkeitskrieg reifte die politische Reflexion der Aufklärung und erreichte in Frankreich eine explosive Formulierung.

Die Aufklärung entwickelte jedoch weder genaue Vorstellungen noch ein Programm für eine Revolution. Man muß sie vielmehr als ein großartiges Laboratorium des politischen Denkens sehen, in dem die Ideen der Freiheit, der Volkssouveränität, der Gewaltenteilung, des Rechts, der Gleichheit diskutiert wurden, kurz: in dem über die Bedingungen der Demokratie nachgedacht wurde. Dieses Laboratorium war die Schule, aus der die Generation der Revolutionäre ihre politische Philosophie bezog. Jenseits des gemeinsamen, gewissermaßen einigenden Erbes der Aufklärung zeichneten sich allerdings Richtungen ab, die in heftige Gegensätze mündeten. Und so standen sich während der Revolution in den politischen Gegnern Anhänger von Montesquieu und Rousseau gegenüber. Aber die politische Philosophie der Aufklärung wirkte auch tief hinein in die des Lesens unkundigen Schichten; Rousseau hätte sich nicht träumen lassen, von den Sansculotten als Ahnvater der von ihnen praktizierten direkten Demokratie gefeiert zu werden.

1 John Locke[1] über Ursprung, Zweck und Rechte der gesetzgebenden Gewalt, 1690

Da der große Zweck, um dessen willen Menschen in eine Gesellschaft eintreten, im friedlichen und gesicherten Genuß ihres Eigentums besteht und da das große Werkzeug und Mittel dazu das in dieser Gesellschaft eingesetzte Recht ist, so ist das erste und grundlegende positive Gesetz aller Staaten die Einsetzung der gesetzgebenden Gewalt, so wie das erste und grundlegende natürliche Gesetz, das sogar die gesetzgebende Gewalt beherrschen muß, die

---

[1] 1632–1704, englischer Philosoph, Begründer des Empirismus, vertrat in seiner Staatslehre die Grundsätze einer liberalen Monarchie im Sinne der „Glorreichen Revolution" von 1688 und der Volkssouveränität, übte damit starken Einfluß auf die französische Aufklärung aus.

Erhaltung der Gesellschaft und, soweit es sich nicht mit dem öffentlichen Wohl verträgt, jeder einzelnen Person in ihr ist. Diese Legislative ist nicht allein die höchste Gewalt des Staates, sondern sie ist heilig und unabänderlich in den Händen, in die die Gemeinschaft sie einmal gelegt hat...
Jedesmal wenn die Legislative sich gegen das Grundgesetz der Gesellschaft vergeht und, verleitet durch Ehrgeiz, Wahn oder Bestechung, die unbeschränkte Gewalt über Leben, Freiheit und Güter des Volkes für sich oder andere zu erringen trachtet, verwirkt sie durch diesen Vertrauensbruch die Gewalt, die das Volk ihr zu gerade entgegengesetzten Zwecken übergeben hat. Diese Gewalt fällt dann an das Volk zurück; und das Volk ist berechtigt, seine ursprüngliche Freiheit zurückzunehmen, eine neue legislative Gewalt nach seinem Gutdünken aufzustellen und dadurch für seine Erhaltung und Sicherheit zu sorgen, denn zu diesem Zweck hat es sich zur Gesellschaft zusammengetan. Was hier vom Gesetzgeber gesagt wird, das gilt im allgemeinen auch für den obersten Träger der ausführenden Gewalt.

J. Locke, Two Treatises of Government. London 1690

Voltaire[2] über die Freiheit der Engländer, 1734 — **2**

Ein ganz wesentlicher Unterschied zwischen Rom und England – mit allen Vorteilen zugunsten Englands – besteht darin, daß in Rom die Frucht der Bürgerkriege die Sklaverei war und die der inneren Wirren Englands die Freiheit. Das englische Volk ist das einzige Volk auf dieser Erde, das dazu gelangt ist, die Macht der Könige durch seinen Widerstand gegen sie zu regeln, und das von einer Anstrengung zur anderen schließlich jene weise Regierung geschaffen hat, in der der Fürst allmächtig ist, um Gutes zu tun, seine Hände aber gebunden sind, wenn er Böses tun will, und in der die Adligen ohne Anmaßung und ohne Lehnsleute groß sind und in der das Volk an der Regierung teilnimmt, ohne Verwirrung zu schaffen.
Das Haus der Lords und das der Gemeinen sind die Schiedsrichter des Volkes, der König ist der Oberschiedsrichter. Dieses Gleichgewicht fehlte bei den Römern; die Patrizier und das Volk standen in Rom immer in Zwietracht, ohne daß es eine vermittelnde Macht gegeben hätte, um Übereinstimmung herzustellen.
...Zweifellos hat es Opfer gekostet, um in England die Freiheit herzustellen; in Meeren von Blut[3] hat man das Idol der despotischen Gewalt ertränkt; aber die Engländer glauben keineswegs, daß sie gute Gesetze zu teuer erkauft hät-

---

[2] 1694–1778, Aufklärer. Nach seiner zweiten Inhaftierung in der Bastille wurde er nach England ausgewiesen und lebte dort 1726–1729. In den „Philosophischen Briefen über die Engländer" propagierte er das englische Gesellschaftsmodell: bürgerliche Rechte, Denkfreiheit, Glaubensfreiheit, Handelsfreiheit. Das Buch wurde auf Befehl des Pariser Parlaments verbrannt, gegen den Autor wurde Haftbefehl erlassen, der Drucker bestraft.

[3] In einem Bürgerkrieg wurde das Stuart-Königtum gestürzt, König Karl I. 1649 hingerichtet und unter Oliver Cromwell eine Republik errichtet.

ten. Die anderen Völker haben nicht weniger Wirren durchgemacht als sie, haben nicht weniger Blut vergossen, aber das Blut, das sie für die Sache der Freiheit hingegeben haben, hat ihre Knechtschaft nur noch befestigt.

Voltaire, Lettres philosophiques sur les Anglais, 8ᵉ lettre sur le Parlement. In: Voltaire, Mélanges. Paris 1961, S. 21

3 **Charles de Montesquieu[4]: Vom Geist der Gesetze,** 1748

Vom Wesen der Freiheit

Es gibt kein Wort, das verschiedenere Bedeutungen erhalten und die Geister auf so viele Weisen berührt hätte wie das Wort Freiheit...

Es stimmt, daß in den Demokratien das Volk zu tun scheint, was es will; aber die politische Freiheit besteht keineswegs darin, zu tun, was man will. In einem Staat, d. h. in einer Gesellschaft, in der es Gesetze gibt, kann die Freiheit nur darin bestehen, daß man tun kann, was man wollen darf, daß man aber nicht dazu gezwungen wird, zu tun, was man nicht tun darf.

Man muß sich vergegenwärtigen, was Unabhängigkeit und was Freiheit ist. Die Freiheit ist das Recht, alles zu tun, was die Gesetze gestatten; und wenn ein Bürger tun könnte, was sie verbieten, hätte er keine Freiheit mehr, weil die anderen ebenfalls diese Befugnis hätten.

Demokratie und Aristokratie sind ihrer Natur nach keineswegs freie Staaten. Politische Freiheit findet sich nur bei den gemäßigten Regierungen. Aber auch in den gemäßigten Staaten ist sie nicht immer vorhanden; sie ist nur dann da, wenn man die Gewalt nicht mißbraucht. Aber es ist eine ewige Erfahrung, daß jeder Mensch, der Macht besitzt, dazu neigt, sie zu mißbrauchen; er geht soweit, bis er auf Grenzen stößt.

Damit man Macht nicht mißbrauchen kann, muß eine derartige Regelung da sein, daß eine Gewalt die andere im Zaume hält.

Von der Verfassung Englands

In der Welt gibt es ein Volk, das zum unmittelbaren Ziel seiner Verfassung die politische Freiheit hat... In jedem Staat gibt es drei Arten von Gewalten, die gesetzgebende Gewalt, die ausführende Gewalt für die Angelegenheit des Völkerrechts und die ausführende Gewalt für die Angelegenheiten des bürgerlichen Rechts. Durch die erste Gewalt gibt der Fürst oder die Obrigkeit Gesetze auf eine gewisse Zeit oder auf immer und verbessert oder beseitigt die bestehenden. Durch die zweite schließt er Frieden oder führt er Krieg, schickt oder empfängt er Gesandtschaften, sorgt er für Sicherheit, kommt er feindlichen Einfällen zuvor. Durch die dritte bestraft er die Verbrechen und

[4] Charles de Secondat, Baron de La Brède et de Montesquieu, 1689–1755, Schriftsteller, Historiker und Staatsphilosoph. Sein Hauptwerk: „De l'Esprit des Lois", 1748, in dem er den Weg zu maßvollen Reformen weisen wollte und die konstitutionelle Monarchie nach dem Muster Englands lobte.

entscheidet er in den Streitfällen der einzelnen Bürger. Man nennt diese letztere Gewalt die richterliche und die andere einfach die ausführende Gewalt des Staates.

Die politische Freiheit des Bürgers ist jene Ruhe des Gemüts, die auf der Überzeugung eines jeden von seiner persönlichen Sicherheit beruht; und damit man diese Freiheit besitzt, muß die Regierung derart sein, daß kein Bürger den anderen zu fürchten braucht.

Wenn die gesetzgebende Gewalt mit der ausführenden in einer Person oder in einer amtlichen Körperschaft vereinigt ist, dann gibt es keine Freiheit, weil man fürchten kann, derselbe Herrscher oder derselbe Senat werde tyrannische Gesetze geben, um sie tyrannisch auszuführen.

Es gibt auch keine Freiheit, wenn die richterliche Gewalt nicht von der gesetzgebenden und von der ausführenden Gewalt getrennt ist. Wenn sie mit der gesetzgebenden Gewalt vereinigt wäre, so würde die Gewalt über Leben und Freiheit der Bürger willkürlich sein; denn der Richter wäre Gesetzgeber. Wäre sie mit der ausführenden Gewalt verbunden, so könnte der Richter die Macht eines Unterdrückers besitzen.

Alles wäre verloren, wenn ein und derselbe Mensch oder ein und dieselbe Körperschaft der Vornehmen, des Adels oder des Volkes diese drei Gewalten ausübte, die gesetzgebende, die ausführende und die richterliche Gewalt...

Da in einem freien Staat jedermann, von dem man annimmt, daß er eine freie Seele besitzt, von sich selbst regiert werden soll, wäre es erforderlich, daß das Volk in seiner Gesamtheit die gesetzgebende Gewalt besäße; da dies aber in den großen Staaten unmöglich ist und in den kleinen Staaten dem viele Hindernisse entgegenstehen, muß das Volk durch seine Vertreter alles das tun, was es nicht selbst tun kann...

Der große Vorteil der Vertreter ist, daß sie dazu fähig sind, die Staatsangelegenheiten zu erörtern. Das Volk ist dazu keineswegs geeignet, und das ist einer der großen Übelstände der Demokratie... Alle Bürger in den verschiedenen Bezirken sollen das Recht haben, ihre Stimme zur Wahl des Vertreters abzugeben, mit Ausnahme derjenigen, die in einem derartigen Zustand der Niedrigkeit leben, daß man nicht annehmen kann, sie hätten einen eigenen Willen...

In einem Staat gibt es immer Leute, die sich durch Geburt, Reichtum oder Ehre auszeichnen. Würden sie aber unter das Volk gemengt und hätten sie nur eine Stimme wie die anderen, so wäre die allgemeine Freiheit ihre Knechtschaft, und sie hätten keinerlei Interesse daran, sie zu verteidigen, da die meisten Beschlüsse gegen sie ausfallen würden. Der Anteil, den sie an der Gesetzgebung nehmen, muß also den anderen Vorteilen entsprechen, die sie im Staate besitzen; das geschieht, wenn sie eine Körperschaft bilden, die das Recht hat, die Unternehmungen des Volkes aufzuhalten, so wie das Volk das Recht hat, die ihrigen aufzuhalten.

So wird die gesetzgebende Gewalt sowohl der Körperschaft der Adligen wie auch der Körperschaft anvertraut, die zur Vertretung des Volkes gewählt wird; jede dieser beiden Körperschaften hat ihre besonderen Versammlungen und Beratungen, ihre besonderen Ziele und Interessen...

Die ausführende Gewalt soll in den Händen eines Monarchen liegen, weil dieser Teil der Regierung, der fast immer ein sofortiges Handeln erfordert, besser von einem als von mehreren verwaltet wird; hingegen wird das, was von der gesetzgebenden Gewalt abhängt, oft besser durch mehrere als durch einen einzigen angeordnet.

Wenn aber kein Monarch da wäre und man die ausführende Gewalt einer gewissen Anzahl von Mitgliedern der gesetzgebenden Körperschaft anvertraute, dann gäbe es da keine Freiheit mehr, weil die beiden Gewalten vereinigt wären, da die gleichen Personen zuzeiten an beiden Gewalten Anteil nähmen und immer nehmen könnten...

Wenn die ausführende Gewalt nicht das Recht hat, die Unternehmungen der gesetzgeberischen Körperschaft aufzuhalten, so wird diese despotisch werden. Denn sie wird, da sie sich alle Macht, die man sich vorstellen kann, zu verschaffen vermag, alle anderen Gewalten vernichten.

Dagegen darf die gesetzgebende Gewalt nicht die Befugnis haben, der ausführenden Gewalt Einhalt zu gebieten; denn, da die Ausführung ihre natürlichen Grenzen hat, ist es unnütz, sie zu beschränken...

Aber wenn in einem freien Staat die gesetzgebende Gewalt nicht das Recht haben darf, der ausführenden Gewalt Einhalt zu tun, so hat sie doch das Recht, zu prüfen, auf welche Weise die von ihr geschaffenen Gesetze ausgeführt worden sind, und sie muß dazu die Möglichkeit haben...

Welcher Art aber auch diese Prüfung sein mag, die gesetzgebende Körperschaft darf nicht die Macht haben, die Person und demgemäß auch das Verhalten dessen zu richten, der die Gesetze ausführt. Seine Person muß geheiligt sein, denn er ist für den Staat notwendig, damit die gesetzgebende Körperschaft nicht tyrannisch wird, und von dem Augenblick an, in dem er anklagt oder verurteilt würde, gäbe es keine Freiheit mehr.

In diesen Fällen wäre der Staat keine Monarchie mehr, sondern eine unfreie Republik. Da aber derjenige, der die Gesetze ausführt, nichts schlecht ausführen kann, ohne böse Ratgeber zu haben, die als Minister die Gesetze hassen, obwohl sie als Menschen durch diese begünstigt werden, können diese zur Rechenschaft gezogen und bestraft werden...

Wie wir gesagt haben, soll die ausführende Gewalt an der Gesetzgebung durch ihre Fähigkeit zum Verhindern teilnehmen; ohne diese Möglichkeit wäre sie bald ihres Einflusses beraubt. Aber wenn die gesetzgebende Gewalt an der Ausführung teilnimmt, wird die ausführende Gewalt in gleicher Weise verloren sein.

Nähme der Monarch durch das Recht, Verordnungen zu erlassen, an der Gesetzgebung teil, gäbe es keine Freiheit mehr. Aber da es dennoch erforderlich ist, daß er an der Gesetzgebung teilhat, um sich zu verteidigen, muß er das Recht zum Verhindern haben...

Derart ist also die grundlegende Verfassung der Regierung, von der wir sprechen. Da die gesetzgebende Körperschaft aus zwei Teilen zusammengesetzt ist, wird der eine Teil den anderen durch die gegenseitige Befugnis zum Verhindern im Zaume halten. Beide Teile sind durch die ausführende Gewalt gebunden, die ihrerseits durch die gesetzgebende Gewalt gebunden ist... Liest man das bewunderungswürdige Werk des Tacitus[5] über die Sitten der Germanen, dann erkennt man, daß die Engländer von ihnen den Entwurf für ihre politische Regierung übernommen haben. Dieses schöne System ist in den Wäldern erdacht worden[6].

Montesquieu, De l'Esprit des Lois. Genf 1748

Jean-Jacques Rousseau[7] über die Grundlagen der Staats- und Gesellschaftsordnung, 1762 4

Von Freiheit und Gebundenheit des Menschen

Der Mensch wird frei geboren, und überall ist er in Ketten. Mancher hält sich für den Herrn der anderen, und er ist doch mehr Sklave als sie. Wie ist es zu dieser Änderung gekommen? Ich weiß es nicht. Was kann ihr Rechtmäßigkeit verleihen? Diese Frage glaube ich beantworten zu können.
Würde ich nur die Gewalt und die Wirkungen, die sie hervorbringt, berücksichtigen, dann würde ich sagen: „Solange ein Volk dazu gezwungen ist zu gehorchen und solange es gehorcht, handelt es gut; sobald es sein Joch abschütteln kann und es abschüttelt, handelt es noch besser; denn, wenn es seine Freiheit durch das gleiche Recht wiedererlangt, durch das man sie ihm geraubt hat, dann ist es entweder befugt, sie sich zurückzunehmen, oder man hat kein Recht, sie ihm zu nehmen." Aber die gesellschaftliche Ordnung ist ein geheiligtes Recht, das die Grundlage aller übrigen bildet. Dieses Recht entspringt jedoch keineswegs der Natur; es beruht also auf Verträgen. Es kommt deshalb darauf an, über diese Verträge Klarheit zu schaffen.

Gewalt schafft kein Recht

Der Stärkste ist nie stark genug, um immer der Herr zu sein, wenn er nicht seine Gewalt in Recht umwandelt und den Gehorsam in Pflicht. Von da aus ergibt sich das Recht des Stärkeren, ein scheinbar ironisch aufgefaßtes Recht,

[5] Um 50–117 n. Chr., römischer Historiker, von dem die älteste Schilderung Germaniens und der Germanen stammt: „De origine, moribus ac populis Germanorum".

[6] Montesquieus Analyse der Struktur der englischen Verfassungsverhältnisse entsprach, wie spätere Historiker nachgewiesen haben, nicht der Wirklichkeit.

[7] 1712–1778. Der aus Genf stammende Philosoph nahm mit seiner kritischen Haltung gegenüber der Fortschrittsgläubigkeit eine Sonderstellung unter den Aufklärern ein. Seine politische Theorie wurde in den verschiedenen Phasen der Revolution und von den verschiedenen revolutionären Gruppierungen von rechts bis zur äußersten Linken unterschiedlich rezipiert. Sein „Gesellschaftsvertrag" (1762), in dem soziale Gleichheit und Volkssouveränität als Bedingungen der Freiheit dargestellt wurden, nährte bei den Sansculotten (vgl. Anm. 117) Vorstellungen von einer Demokratie der Kleineigentümer sowie von direkter Demokratie. Rousseaus Grab in Ermenonville wurde zur Pilgerstätte der Revolutionäre.

Abb. 1. Das dankbare Vaterland den großen Männern. Anonymer zeitgenössischer Stich. Seit 1791 diente das Pantheon als Gedächtnisstätte der großen Franzosen. Im Juli 1791 wurden Voltaires sterbliche Überreste dorthin überführt. 1794 erhielt Rousseau seinen Platz. – Auf dem Stich von links her die Comédie française, Notre-Dame, das Standbild Heinrichs IV., rechts das Pantheon. Rousseau hat Blumen in der Hand, unter dem Arm den „Gesellschaftsvertrag" und eine Oper; Voltaire trägt zwei seiner Werke. Merkur weist den Weg zum Pantheon.

das aber doch wirklich als Grundsatz festgelegt ist. Aber wird man uns nie dieses Wort erklären? Die Gewalt ist eine physische Kraft; ich sehe nicht ein, welch sittlicher Anspruch sich aus ihren Wirkungen ergeben kann. Der Gewalt sich beugen, ist eine Tat aus Notwendigkeit, nicht des Willens; es ist das höchstens eine Tat aus Vorsicht. In welchem Sinn kann diese Tat eine Pflicht sein?...

Gehorcht der Gewalt! Wenn das bedeuten soll: Beugt euch der Gewalt, dann ist diese Vorschrift gut, aber überflüssig; ich erwidere, daß man sie nie verletzen wird. Alle Gewalt kommt von Gott, das gebe ich zu; aber alle Krankheit kommt auch daher; soll das besagen, es sei verboten, den Arzt zu rufen? Wenn mich ein Räuber in einem Wäldchen überfällt, muß ich dann meine Börse nur aus Gründen der Gewalt ausliefern? Oder wäre ich aus Gewissensgründen verpflichtet, sie herauszugeben, auch wenn ich sie retten könnte? Denn schließlich ist die Pistole in der Hand des Räubers auch eine Gewalt. Wir sind uns also darüber einig, daß Gewalt kein Recht schafft und daß man zum Gehorsam nur gegenüber den gesetzmäßigen Gewalten verpflichtet ist.

Die Freiheit des Menschen unveräußerlich

Da kein Mensch eine natürliche Macht über seinesgleichen besitzt und da die Gewalt kein Recht schafft, so bleiben also die Verträge als die Grundlage jeder gesetzmäßigen Macht unter den Menschen. Auf seine Freiheit verzichten, das bedeutet auf seine Eigenschaft als Mensch, auf die Rechte der Menschheit, sogar auf seine Pflichten verzichten. Es gibt keinerlei denkbare Entschädigung für irgendeinen, der auf alles verzichtet. Eine derartige Verzichtleistung ist mit der Natur des Menschen unverträglich; seine Handlungen würden jeglichen sittlichen Wert verlieren, wenn man seinem Willen jegliche Freiheit nähme.

Der Gesellschaftsvertrag

„Es geht darum, eine Gesellschaftsform zu finden, die mit der ganzen gemeinsamen Kraft die Person und die Güter jedes Gesellschaftsmitgliedes verteidigt und schützt und durch welche jeder einzelne, obwohl er sich mit allen verbindet, dennoch nur sich selbst gehorcht und so frei bleibt wie zuvor." Dies ist das Grundproblem, dessen Lösung der „Gesellschaftsvertrag" bietet.

Die Bedingungen dieses Vertrages sind derart durch seine Natur festgelegt, daß die geringste Veränderung sie nichtig machen und ihnen ihre Wirkung völlig nehmen würde; darum sind sie auch, obgleich sie vielleicht nie förmlich ausgesprochen worden sind, überall die gleichen, überall stillschweigend angenommen und anerkannt, bis zu dem Augenblick, in dem, wenn der Gesellschaftsvertrag verletzt worden ist, jeder einzelne wieder seine ursprünglichen Rechte erlangt und seine natürliche Freiheit wiedergewinnt, wobei er die vertragsmäßige Freiheit, um derentwillen er darauf verzichtete, verliert. Diese Bedingungen lassen sich alle auf eine einzige zurückführen, die völlige Hingabe jedes Gesellschaftsmitgliedes mit all seinen Rechten an die gesamte Gesellschaft, denn zunächst einmal ist, da jeder sich ganz hingibt, die Bedingung die gleiche für alle; und da die Bedingung für alle die gleiche ist, hat keiner ein Interesse daran, sie für die anderen lästig zu gestalten. Überdies ist, da die Hingabe ohne Vorbehalt erfolgt, die Vereinigung so vollkommen, wie sie nur sein kann, und kein Gesellschaftsmitglied hat noch etwas zu fordern...
Schließlich gibt jeder, der sich allen hingibt, nichts irgend jemandem; und da es kein Gesellschaftsmitglied gibt, über das man nicht das gleiche Recht gewönne, das man ihm abtritt, gewinnt man den Gegenwert von allem, was man verliert, und noch mehr Kraft, um das, was man hat, zu bewahren.
Trennt man also von dem Gesellschaftsvertrag alles das ab, was nicht zu seinem Wesen gehört, so findet man, daß er sich folgendermaßen begrenzen läßt: „Jeder von uns stellt gemeinschaftlich seine Person und seine ganze Kraft unter die oberste Leitung des allgemeinen Willens, und wir nehmen jedes Mitglied als unteilbaren Teil des Ganzen auf."

Die Begründung des Staates als Tat der Gesellschaft

In dem gleichen Augenblick erzeugt diese Tat gesellschaftlichen Zusammenschlusses an Stelle der einzelnen Person jedes Vertragsteilnehmers eine sittliche und gesellschaftliche Körperschaft, die sich aus soviel Mitgliedern zusammensetzt, wie die Versammlung Stimmen hat, und diese Körperschaft gewinnt durch diese Tat ihre Einheit, ihr gemeinschaftliches Ich, ihr Leben und ihren Willen. Diese öffentliche Person, die sich auf solche Weise aus der Vereinigung aller bildet, wurde ehemals „Stadt" (cité) genannt und heißt jetzt „Republik" oder „Staatskörper". Sie wird von ihren Mitgliedern „Staat" genannt, wenn er passiv ist, „Herrscher", wenn er aktiv ist, „Macht" im Vergleich mit seinesgleichen. Die Gesellschaftsgenossen nennen sich in ihrer Gesamtheit „Volk", als einzelne Teilhaber an der Herrschergewalt „Bürger" (citoyens), als unterworfen den Gesetzen des Staates „Untertanen" (sujets). Aber diese Ausdrücke gehen oft ineinander über und werden miteinander verwechselt; es genügt, daß man sie unterscheiden kann, wenn sie in ihrem genauen Sinn gebraucht werden.

Freiheit durch Zwang

Damit der Gesellschaftsvertrag keine leere Form bleibt, enthält er stillschweigend jene Verpflichtung, die allein den übrigen Kraft zu verleihen vermag, nämlich die Verpflichtung, daß, wer auch immer sich weigert, dem allgemeinen Willen zu gehorchen, von der ganzen Gemeinschaft hierzu gezwungen wird. Das bedeutet nichts anderes, als daß man ihn dazu zwingen wird, frei zu sein. Denn dies ist die Bedingung, die jedem Bürger, dadurch daß sie ihn dem Vaterlande einverleibt, Schutz gegen jede persönliche Abhängigkeit verleiht.

J.-J. Rousseau, Du Contrat social. Amsterdam 1762

Aufklärung durch die „Enzyklopädie der Wissenschaften, der Künste und des Handwerks"[8], Paris 1751–1780

5a Zielsetzung der „Enzyklopädie". Aus der Vorrede zum 8. Band, 1765

Landsleute und Zeitgenossen, so streng Ihr dieses Werk auch beurteilen mögt, bedenkt immer, daß es von einer kleinen Anzahl von allein auf sich angewiesenen Männern unternommen, durchgeführt und vollendet worden ist, die in ihren Absichten gestört, mit unvorstellbarer Gehässigkeit gebrandmarkt, auf abscheuliche Weise verleumdet und beschimpft wurden und die keinen anderen Ansporn als die Liebe zum Guten hatten, keine andere Stütze als einige Zustimmung, keinen anderen Beistand als die Hilfe, die sie in dem Vertrauen von drei oder vier Buchhändlern fanden...

[8] Die Enzyklopädie – Gemeinschaftswerk französischer Gelehrter (etwa 160 Mitarbeiter) und durch Subskription finanziert – wurde maßgeblich von Denis Diderot (1713–1784) koordiniert. Sie war ein Instrument der Aufklärung im Kampf gegen die bestehenden Verhältnisse und sollte als Nachschlagewerk dienen, in dem alle neuen Kenntnisse und Techniken allgemein zugänglich waren. Ein erstes Verbot hatte 1752 das Erscheinen des dritten Bandes verzögert, ein weiteres erfolgte 1759 nach dem 7. Band. Erst 1765 konnten die Bände 8–17 erscheinen.

Abb. 2. Chemisches Labor. Tafel aus der „Enzyklopädie“ Abbildungsband III, 1765 (vgl. Anm. 8). Dem Werk waren Tafeln beigegeben, die der genauen Bestandsaufnahme der vorhandenen Techniken dienten und die fortgeschrittensten Produktionsmethoden verbreiten sollten.

Man kann uns, denke ich, zumindest nicht abstreiten, daß unsere Arbeit auf der Höhe des Jahrhunderts steht, und das bedeutet immerhin etwas. Der aufgeklärteste Mensch wird darin Ideen finden, die für ihn neu sind, und Tatsachen, die er nicht kennt. Möge die allgemeine Bildung so schnell fortschreiten, daß sich in zwanzig Jahren auf tausend unserer Seiten kaum noch eine Zeile findet, die nicht etwas allgemein Bekanntes sagt! Es obliegt den Herrschern der Welt, diese glückliche Umwälzung zu beschleunigen; denn sie können den Kreis der Aufklärung erweitern oder verengen. Glücklich die Zeit, da sie alle einsehen werden, daß ihre Sicherheit darin besteht, gebildeten Menschen zu gebieten. Große Attentate sind immer nur von blinden Fanatikern begangen worden. Dürften wir noch über unsere Leiden seufzen und die Jahre unserer Arbeit bedauern, wenn wir hoffen könnten, daß wir diesen dem Frieden der Gesellschaft so feindlichen Wahnwitz abgeschwächt und unsere Mitmenschen so weit gebracht haben, sich zu lieben, sich zu dulden und endlich die Überlegenheit der allumfassenden Moral über alle Formen der privaten Moral anzuerkennen, die Haß und Zwietracht schüren und den allgemeinen Zusammenhalt zerstören oder zumindest lockern?

Artikel aus Diderots „Enzyklopädie“, hrsg. v. M. Naumann. Frankfurt am Main 1972, S. 659 f.

„Vaterland“ – gemäß der „Enzyklopädie“ **5b**

Vaterland – Patrie (Politisches System): Der selten logisch denkende Rhetoriker, der Geograph, der sich nur für die Lage der Orte interessiert, und der alltägliche Lexikograph halten das *Vaterland* für den Geburtsort, wo immer er auch liegen mag; aber der Philosoph weiß, daß dieses Wort von dem lateinischen *pater* kommt, das die Vorstellung von einem Vater und dessen Kindern hervorruft und folglich den Sinn ausdrückt, den wir dem Wort *Familie, Gemeinschaft, Freistaat* geben, deren Mitglieder wir sind und deren Gesetze unsere Freiheit und unser Glück gewährleisten. Unter dem Joch des Despotismus gibt es kein *Vaterland*. Im vergangenen Jahrhundert verwechselte Colbert[9] auch *Königreich* und *Vaterland;...*

Die Griechen und die Römer kannten nichts, was ihnen so teuer und so heilig gewesen wäre wie das *Vaterland*; sie sagten, man müsse sich ihm ganz hingeben, dürfte an ihm ebensowenig Rache nehmen wie an seinem Vater und sollte nur die Freunde des *Vaterlands* – vor allem die Auguren – zu seinen Freunden zählen; es sei am besten, für das Vaterland zu kämpfen; es sei schön, ja süß, für dessen Erhaltung zu sterben, und der Himmel öffne sich nur denen, die ihm gedient hätten. So sprachen die Richter, die Krieger und das Volk. Welche Ideen bildeten sie sich also vom Vaterland?

Das *Vaterland*, sagten sie, ist ein Land, an dessen Erhaltung alle seine Bewohner ein Interesse haben, das niemand verlassen will, weil man sein Glück nicht aufgibt, und in dem die Fremden eine Zufluchtsstätte suchen. Es ist eine Amme, die uns ihre Milch ebenso freudig schenkt, wie wir sie empfangen. Es ist eine Mutter, die alle ihre Kinder innig liebt, die nur Unterschiede zwischen ihnen macht, soweit sie solche Unterschiede unter sich machen, und die wohl will, daß es Reichtum und Wohlstand gebe, aber keine Armen, keine Großen und Kleinen, keine Unterdrückten; sie wahrt sogar bei dieser ungleichen Verteilung eine gewisse Gleichheit, indem sie allen den Weg zu den ersten Ämtern erschließt; sie duldet in der Familie nur die Übel, die sie nicht verhindern kann, nämlich Krankheit und Tod; und sie würde glauben, sie hätte, als sie ihren Kindern das Leben schenkte, nichts geleistet, wenn sie nicht zugleich für ihr Wohl gesorgt hätte. Es ist eine Macht, die ebenso alt ist wie die Gesellschaft und die auf der Natur und der Ordnung begründet ist, eine Macht, die allen Mächten, die sie in ihrem Schoße hegt – Archonten[10], Suffeten[11], Ephoren[12], Konsuln[13] und Königen – überlegen ist, eine Macht, die ihren Grenzen sowohl die unterwirft, welche in ihrem Namen befehlen, als auch die, welche zu gehorchen haben. Es ist eine Gottheit, die Gaben nur annimmt, um sie zu verteilen, die eher Hingabe verlangt als Furcht, die lächelt, wenn sie Gutes tut, und seufzt, wenn sie Blitze schleudert.

So ist das *Vaterland*. Die Liebe, die man ihm entgegenbringt, führt zu guten Sitten, und gute Sitten führen zur Vaterlandsliebe; diese Liebe ist die Liebe zu den Gesetzen und zum Wohl des Staates, eine Liebe, die in den Demokratien besonders ausgeprägt ist; sie ist eine politische Tugend, der zuliebe man auf sein Ich verzichtet und das öffentliche Interesse seinem eigenen vorzieht; sie ist ein Gefühl, nicht aber eine Folge der Kenntnis; der geringste Mensch im Staat kann dieses Gefühl ebenso haben wie das Staatsoberhaupt. ...

---

[9] Jean-Baptiste Colbert 1619–1683, französischer Staatsmann unter König Ludwig XIV.

[10] Im Altertum Bezeichnung für Beamte, in manchen griechischen Stadtstaaten die höchsten Staatsbeamten.

[11] Bezeichnung für die höchsten Staatsbeamten in Karthago.

[12] In Sparta fünf jährlich gewählte Beamte, die als Repräsentanten des Volkes maßgebenden Einfluß auf Staat und Gesellschaft ausübten.

[13] Bezeichnung der zwei höchsten, jährlich neu gewählten Staatsbeamten in der römischen Republik.

Nach diesen Einzelheiten brauche ich wohl nicht zu beweisen, daß kein *Vaterland* in jenen Staaten bestehen kann, die unterjocht sind. Auch diejenigen, die unter dem orientalischen Despotismus leben, unter dem man kein anderes Gesetz kennt als den Willen des Herrschers, keine anderen Grundsätze als die Anbetung seiner Launen, keine anderen Prinzipien der Herrschaft als den Schrecken, und unter dem kein Vermögen und kein Kopf in Sicherheit sind, haben kein *Vaterland* und kennen nicht einmal dieses Wort, das der wahre Ausdruck des Glücks ist.
Mit dem Eifer, der mich beseelt, sagt der Abbé Coyer[14], habe ich an mehreren Orten Untertanen aus allen Ständen auf die Probe gestellt. „Bürger", fragte ich sie, „kennt Ihr ein *Vaterland?*" Der Mann aus dem Volk weinte, der Richter runzelte die Stirn und wahrte ein trauriges Schweigen, der Soldat fluchte, der Höfling verspottete mich, der Finanzmann fragte, ob das der Name einer neuen Steuer sei. Was die Vertreter der Religion betrifft, die wie Anaxagoras[15] auf den Himmel deuten, wenn man sie fragt, wo das *Vaterland* sei, so ist es kein Wunder, daß sie auf unserer Erde kein *Vaterland* verehren. ... (Jaucourt[16])

Diderots „Enzyklopädie", a.a.O., S. 828 f.

Gabriel Bonnot de Mably[17]: Die politische, gesellschaftliche und wirtschaftliche Grundordnung Spartas, 1766 **6**

Um die Bürger würdig zu machen, wahrhaft frei zu sein, hat Lykurg[18] eine vollkommene Gleichheit in ihrem Vermögen eingeführt, aber er hat sich keineswegs darauf beschränkt, eine Neuaufteilung ihres Grundbesitzes vorzunehmen. Da die Natur zweifellos nicht allen Lazedämoniern die gleichen Triebkräfte verlieh, auch nicht den gleichen Fleiß, den Wert ihres Erbes zu vermehren, fürchtete er, daß die Besitzgier bald zur Anhäufung von Reichtum führen könnte; und damit Sparta sich nicht nur einer vorübergehenden

---

[14] Abbé Coyer 1707–1782, aufklärerischer Schriftsteller, hatte 1755 einen Aufsatz publiziert, den Jaucourt als Vorlage für seinen Artikel benutzt hat.

[15] Um 500–428 v. Chr., griechischer Philosoph, mußte, der Gottlosigkeit angeklagt, Athen verlassen.

[16] 1704–1779, Gelehrter, einer der aktivsten Mitarbeiter Diderots an der Enzyklopädie.

[17] 1709–1785, Aufklärer, radikaler Gleichheitstheoretiker, der Vorstellungen von Besitzgleichheit und Gütergemeinschaft entwickelte, deren Verwirklichung ihm jedoch fraglich schien. In der Revolution waren seine Schriften stark verbreitet und übten einen ähnlichen Einfluß wie die Rousseaus aus. Robespierre (vgl. Anm. 67), Saint-Just (vgl. Anm. 100), Babeuf (vgl. Anm. 157) bezogen sich auf ihn.

[18] Sagenhafter König und Gesetzgeber Spartas, auf den man die Verfassung Spartas (8. Jh. v. Chr.) zurückführt, sowie die Aufteilung des Bodens in gleiche, staatseigene Ackerlose. In der hierarchischen Gesellschaft widmete sich die Herrenschicht der Eroberer (die „Gleichen") ausschließlich dem Kriegsdienst (bei kollektiven Lebensformen, staatlicher Erziehung, gemeinsamem Essen usw.). Sie lebte vom Einkommen ihrer Ackerlose, die von der unterworfenen Bevölkerung, den Heloten, bewirtschaftet wurden. – Die Aufklärer und die Revolutionäre sahen in Sparta soziale und private Tugend auf der Unmöglichkeit der Besitzgier und auf dem Gemeinschaftsgeist begründet.

Reform erfreute, verschaffte er sich Eingang in die Herzen der Bürger und erstickte dort den Keim für die Liebe zum Reichtum. Lykurg schaffte den Gebrauch des Goldes und des Silbers ab und führte eine Eisenwährung ein. Er richtete öffentliche Mahlzeiten ein, bei denen jeder Bürger gezwungen war, ein beständiges Beispiel von Mäßigkeit und Enthaltsamkeit zu bieten. Er wollte, daß die Möbel nur mit Beil und Säge hergestellt würden; kurz gesagt: er beschränkte ihre Bedürfnisse auf die, die die Natur als unentbehrlich verlangt. Von da an verließen die Künste, die dem Luxus dienen, Lazedämonien; die unnütz gewordenen Reichtümer erschienen als verächtlich, und Sparta wurde eine für Korruption unzugängliche Festung. Die durch öffentliche Erziehung gebildeten Kinder nahmen mit der Geburt die Tugend ihrer Väter als Gewohnheit an. Die Frauen, die durch Gesetze immer derart herabgesetzt wurden, daß sie ihre Schwächen schonten, wodurch sich ein Verfall der Sitten in fast allen Staaten entwickelt hat, hatten in Sparta die Aufgabe, die Tugend der Männer zu beleben und zu stützen. Die anstrengenden Übungen verliehen ihnen ein starkes und widerstandsfähiges Temperament, erhoben sie über ihr Geschlecht und bereiteten ihre Seelen auf die Geduld, den Mut und die Standfestigkeit der Helden vor. Die Liebe zur Armut mußte die Spartaner gegenüber der Kriegsbeute und den Tributen der Besiegten gleichgültig machen; da sie nur von den Erzeugnissen ihres Landes lebten, nur ein außerhalb ihres Landes unbekanntes Geld besaßen und da sie über keine Reserven verfügten, war es ihnen unmöglich, den Krieg über ihr Gebiet hinaus zu tragen.

Observations sur l'histoire de la Grèce, 1766. Abgedruckt in: Mably, Sur la théorie du pouvoir politique. Hrsg. v. P. Friedmann, Paris 1975, S. 150

7 Gabriel Bonnot de Mably[19]: Über Reformgesetze und das Recht auf Arbeit, 1778

Ich möchte Sie, Monseigneur[20], auf keinen Fall unter dem Vorwand, den allgemeinen Wohlstand zu erzeugen, d. h. die Gleichheit des Eigentums herzustellen, dazu auffordern, in frevelhafter Weise die Güter ihrer Untertanen anzutasten. Aber wenn man heute nicht die Gleichheit der Spartaner anstreben, nicht jedem Bürger ein gleiches Vermögen zuweisen kann, so ist es doch wenigstens leicht, Bettelei und übermäßigen Luxus aus einem Staat zu verbannen. Es ist leicht, eine solche Ordnung der Dinge herzustellen, daß die Arbeit jedem Menschen ein anständiges Auskommen verschafft und daß es keine Verhältnisse gibt, in denen ein arbeitsamer Vater dazu verurteilt ist, mit seiner Familie Hungers zu sterben. Wenn der Fürst gewillt ist, seinen Wünschen Grenzen zu setzen und das Beispiel der Mäßigung zu bieten, dann ist es nicht schwer zu erreichen, daß die Nahrung des Volkes nicht von Günstlingen, Schmeichlern und Steuerpächtern aufgezehrt wird. Es ist leicht, Ge-

[19] Vgl. Anm. 17.

[20] Der Fürst von Parma, dem die Schrift „Über das Studium der Geschichte" gewidmet war.

setze gegen den Luxus zu machen, die unsere Geldgier dadurch verringern, daß sie den Reichtum weniger nützlich machen. Es ist leicht, sogar Agrargesetze zu machen, die es verhindern, daß die Habsucht alle Besitzungen an sich zieht, und die allmählich jene skandalösen Vermögen verschwinden lassen, die ein ewiger Herd von Ungerechtigkeit, Quälerei, Tyrannei und Knechtschaft sind und sogar die verderben, die daraus keinen Genuß ziehen. Kurz gesagt, um mich eines Ausspruchs Ciceros[21] zu bedienen...: Die Politik hat noch wirksame Mittel, um die Menschen zu lehren, daß es etwas Kostbareres gibt als Gold und Silber.

De l'Etude de l'histoire. Lettre à M. le prince de Parme, 1778. A. a. O., S. 235

Französische Begeisterung für den Unabhängigkeitskrieg der nordamerikanischen Kolonien gegen ihr englisches Mutterland, 1778 – Bericht eines Zeitgenossen **8**

...Der Aufstand der Amerikaner[22] hat in Marseille eine so lebhafte Erregung verursacht, daß ein Fest geschaffen wurde, um die Erinnerung daran für immer zu bewahren und zu feiern; es gibt da einen Klub nach englischem Vorbild; er setzt sich aus 13 Personen zusammen, die die 13 vereinigten Kolonien symbolisieren. Bei jedem dieser Festbankette werden Lieder gesungen, Verse und literarische Texte vorgelesen, die sich auf das Thema des Klubs beziehen, und dann wird das Publikum zugelassen und kann an der Sitzung teilnehmen. ...

Als ich den Saal betrat, war ich überrascht, als ich eine Fülle von Porträts wahrnahm, die alle berühmte Rebellen darstellen; aber das Franklins[23] hat vor allem meine Aufmerksamkeit auf sich gezogen, und zwar durch den Wahlspruch: „Eripuit caelo fulmen sceptrumque tyrannis". („Dem Himmel hat er den Blitz und den Tyrannen das Szepter geraubt.")

Pidansat de Mairobert, L'Observateur anglais ou correspondance secrète entre Milord All'eye et Milord All'ear, London 1777/78

---

[21] 106–43 v. Chr., römischer Redner, Politiker, Schriftsteller und Philosoph.

[22] 1776–1783, Aufstand der nordamerikanischen Kolonien Englands gegen das Mutterland. Frankreich war 1777 auf die Seite der Aufständischen getreten, hatte England 1778 den Krieg erklärt und mit den amerikanischen Freistaaten ein Bündnis und einen Handelsvertrag abgeschlossen.

[23] Benjamin, Franklin 1706–1790, nordamerikanische Staatsmann und Schriftsteller, Erfinder des Blitzableiters (1752), 1776–1785 in Paris als nordamerikanischer Gesandter.

II. Der Kampf gegen das Ancien Régime

Ludwig XVI. hatte schon kurz nach seiner Thronbesteigung 1775/76 einen Versuch unternommen, aufgeklärte Reformen durchzusetzen, die das Steuersystem verändern und die zahlreichen, das Wirtschaftsleben behindernden Hemmnisse beseitigen sollten. Beim ersten Widerstand jedoch hatte er zurückgesteckt. Etwas mehr als zehn Jahre später hatte sich das Königtum auf dem Hintergrund einer wirtschaftlichen Rezession in eine verzweifelte Lage manövriert, die Staatsfinanzen waren bankrott. Als der König nun im Glauben an seine absolute Macht zur Rettung des Staatshaushaltes die Vorrechte der Privilegierten antasten, neue Steuern erheben und die Steuerlasten gerechter verteilen wollte, erhob sich ein Sturm der Entrüstung; alle drei Stände schlossen sich im Namen des Rechts zum Widerstand gegen die Krone zusammen. Führend war der Adel, von dem somit der erste folgenschwere Angriff auf die Monarchie ausging: Einige Historiker nennen das die Adelsrevolte oder Vorrevolution. Nachdem die gemeinsame Front gegen den König diesem die Einberufung der Generalstände abgerungen hatte – von ihrer Zustimmung sollte die Erhebung neuer Steuern abhängen –, stellte der Dritte Stand neue Forderungen und verlangte eine Vertretung in den Generalständen, die seiner gesellschaftlichen Bedeutung entspräche. Von nun an trennten sich die Interessen des Adels und der Geistlichkeit (jedenfalls der hohen Geistlichkeit) von denen des Dritten Standes.

In den Monaten, die dem Zusammentritt der Generalstände vorausgingen und in denen alle Stände ihre Delegierten wählten, entstand ein außerordentliches politisches Klima: Nie war die öffentliche Meinung so frei gewesen, wurde so offen diskutiert. Hunderte von Broschüren wurden publiziert, zahllose Vorschläge zur gesellschaftlichen Neuordnung entworfen. Die Aufforderung des Königs an seine Untertanen, Beschwerdehefte zusammenzustellen, beflügelte eine unermeßliche Hoffnung auf die Abstellung der Mißbräuche. Der König erschien dem einfachen Volk als der Retter der Nation, d. h. der überwiegenden Mehrheit des Volkes, als ein Retter, der für Gerechtigkeit sorgen würde.

9 **Protesterklärung des Pariser Parlaments[24] gegen die von der Regierung beabsichtigte Einschränkung der Adelsvorrechte,** 1776

Majestät,
Die französische Monarchie setzt sich ihrem Aufbau nach aus mehreren voneinander unterschiedenen und getrennten Ständen zusammen.

---

[24] Bezeichnung für die höchsten Gerichtshöfe in Frankreich bis 1789. Zuständig für die oberste Rechtsprechung, beanspruchten sie auch, die königliche Regierung zu kontrollieren. Die Mitglieder der Parlamente waren ausschließlich Mitglieder der beiden privilegierten Stände, Adel und Geistlichkeit. Während sie sich noch häufig als Beschützer des Volkes gegen königliche Willkür ausgeben konnten, verteidigten sie in den letzten Jahren des Königtums vorrangig ihre Privilegien gegen die Reformversuche der wechselnden Ministerien. – Der Text zeigt die Opposition des Pariser Parlaments (das unter den 13 Parlamenten eine führende Rolle spielte) gegen die Verordnung des Ministers Turgot (vgl. Anm. 26), die die Wegefron abschaffen sollte.

Diese Unterscheidung von Lebensbedingungen und Menschen geht auf den Ursprung des Volkes zurück; sie ist mit seinen Lebensgewohnheiten entstanden; sie ist die kostbare Kette, die den Herrscher an seine Untertanen bindet.

...

In der Gesamtheit, die aus diesen verschiedenen Ständen gebildet wird, sind alle Menschen Ihres Königreiches Untertanen; alle sind verpflichtet, zu den Bedürfnissen des Staates beizutragen.

Aber gerade in diesen Beiträgen erkennt man immer wieder die Ordnung und die allgemeine Harmonie. Der besondere Dienst der Geistlichkeit besteht darin, alle Aufgaben zu erfüllen, die sich auf den Unterricht und den religiösen Kultus beziehen, und zur Tröstung der Unglücklichen durch ihre Almosen beizutragen. Der Adlige weiht sein Blut der Verteidigung des Staates und hilft dem Herrscher mit seinen Ratschlägen. Die letzte Klasse des Volkes, die dem Staat nicht so hervorragende Dienste erweisen kann, leistet ihren Beitrag durch die Abgaben, durch Arbeitsamkeit und durch körperliche Dienste. Das ist, Majestät, das uralte Gesetz der Verpflichtungen und Pflichten Ihrer Untertanen.

Obgleich alle in gleicher Weise treu und gehorsam sind, hat man ihre verschiedenen Lebensbedingungen nie miteinander vermischt, und die Natur ihrer Dienstleistungen hängt wesentlich von der ihres Standes ab.

Gemäß diesen Grundsätzen und diesen Beispielen bittet Ihr Parlament Ihre Majestät inständig, die Anwendung und die Folgen der Verordnung, die Sie an das Parlament gerichtet haben, zu überdenken.

Dadurch daß die Verordnung die unterste Klasse der Bauern von den Frondiensten befreit, denen sie bisher unterworfen waren, überträgt sie diese Last auf die beiden anderen Stände des Staates, die dazu nie verpflichtet waren. Es gibt keinen Unterschied mehr zwischen allen Ihren Untertanen; der Adlige und der Geistliche werden zu Frondiensten verpflichtet, oder – was auf dasselbe hinauskommt – sie werden zur Zahlung der Steuer verpflichtet, die an die Stelle des Frondienstes treten soll.

Hierbei handelt es sich keineswegs, Majestät, – wie man Ihnen darzustellen versucht hat – um einen Kampf der Reichen gegen die Armen.

Es ist das eine politische Frage und zwar eine der wichtigsten, da es darum geht, klarzustellen, ob alle Ihre Untertanen miteinander vermischt werden können und sollen, ob man aufhören muß, anzuerkennen, daß es unter ihnen verschiedene Lebensbedingungen, Abstufungen, verbriefte Rechte und Vorrechte gibt...

Remontrances du Parlement de Paris au XVIIIe siècle. Paris 1898, S. 287 ff.

Boncerf[25]**: Abschaffung der Feudalrechte,** 1776 **10**

Das Wohlergehen der Staaten beruht auf der Freiheit der Personen, der Sachen und der Handlungen: Die drei Arten von Freiheit verwerfen die Ver-

[25] Pierre-François, 1745–1794, erster Sekretär des Ministers Turgot.

sklavung der Personen, die verschiedenen Dienstleistungen, die durch das Feudalrecht mit dem Grund und Boden verbunden sind, und die Hindernisse, die für den Handel durch die Verkaufs- und Fabrikationsprivilegien, ferner durch die Wege- und Brückengelder, die Zölle und die Verbote geschaffen worden sind.

Wir werden nichts über die Handelsfreiheit sagen, die der Handlungsfreiheit entspricht: Der aufgeklärte Minister[26], der den Handel schützt, wird ihm alle Vorteile sichern, die ihn gedeihen lassen.

Die Versklavung der Personen zog die Herrschaft der Unwissenheit nach sich; sie verbannte die Künste, machte die Natur zur Wüste und stürzte Frankreich in das Chaos; erst in der Zeit der Freisprechungen hat es angefangen, da herauszukommen: Die Freisprechungen haben die Städte, die Bürger, die Künste, die Wissenschaften und die guten Gesetze geschaffen; die Erfolge der ersten Freisprechungen haben weitere zur Folge gehabt, die von den adligen Herren fortgeführt wurden, und so wurden die Begriffe „frei" und „Frankreich" bald synonym.

Die dritte Art von Sklaverei lastet noch auf Grund und Boden, der dem Staat und dem einzelnen umso weniger nützlich ist, je mehr dessen Besitz belastet ist; man kann sogar versichern, daß die Freiheit für Grund und Boden ebenso bedeutende Vorteile mit sich bringen würde wie die Freiheit der Personen, deren Befreiung eine so glückliche Umwälzung herbeigeführt hat...

Les Inconvénients des droits féodaux[27]. London 1776, S. 22f. Reprint, Paris 1976

11 **Verurteilung der Schrift „Die Nachteile der Feudalrechte" durch das Pariser Parlament,** 23. Februar 1776

Beim Lesen der neuen Schriften jeglicher Art, mit denen heute das französische Publikum überschüttet wird, und vor allem angesichts dieser Schrift „Die Nachteile der Feudalrechte", ist man versucht zu glauben, es gäbe im Staat eine geheime Partei, einen verborgenen Agenten, die es versuchen, seine Grundlagen durch Stöße von innen her zu erschüttern, ähnlich den Vulkanen, die – nachdem sie sich durch unterirdische Geräusche und aufeinander folgende Beben angekündigt haben – schließlich plötzlich ausbrechen und alles, was sie umgibt, mit einer wilden Flut von Ruinen, Asche und Lava überdecken...

Wenn der systematische Geist, der die Feder jenes Schriftstellers geführt hat, sich unglücklicherweise der Massen bemächtigte, dann wäre das Gefüge der Monarchie bald völlig erschüttert; die Lehnsleute würden nicht zögern, sich

---

26 Gemeint ist Turgot (Anne Robert Jacques T.) 1727–1781, dessen Reformpolitik (Freigabe des Getreidehandels, Abschaffung der Wegefron, der Zölle, Auflösung der Zünfte) auf den heftigen Widerstand der Privilegierten stieß. Seine Entlassung im Mai 1776 bedeutete auch das Ende der von ihm veranlaßten Reformen.

27 „Die Nachteile der Feudalrechte"; die Schrift war zunächst anonym in London erschienen, wurde 1791 wieder aufgelegt.

gegen ihre Herren zu erheben, das Volk gegen seine Herrscher. Die schreckliche Anarchie wäre die notwendige Folge einer umso bedrohlicheren Unabhängigkeit, als nichts ihr zuvorkommen und ihre Wirkungen aufhalten könnte...

Das Parlament befiehlt, daß die besagte Schrift „Die Nachteile der Feudalrechte" zerrissen und verbrannt wird, als beleidigend für die Gesetze und Bräuche Frankreichs, für die geheiligten und unveräußerlichen Rechte der Krone und der persönlichen Eigentumsrechte, als gerichtet auf die Erschütterung der Monarchie, und zwar durch die Aufhetzung der Lehnsleute gegen ihre Herren und sogar gegen den König, durch die Darstellung aller feudalen und grundherrlichen Rechte als verhaßte und lächerliche Anmaßung, Quälerei und Gewalt...

Les Inconvénients des droits féodaux. A. a. O., S. 65 ff.

Charles de Calonne[28] über die Rettung des Staates durch Beseitigung der Mißbräuche, vor der Versammlung der französischen Notabeln am 22. Februar 1787 **12**

Was bleibt, um einen entsetzlichen Fehlbetrag zu decken und das ersehnte Gleichgewicht im Staatshaushalt herzustellen? Was bleibt uns, um aufzukommen für alles, was uns fehlt, und herbeizuschaffen, was wir zur Wiederherstellung der Finanzen brauchen?

Die Mißbräuche.

Ja, meine Herren, in den Mißbräuchen selber findet sich ein Schatz von Reichtümern, die der Staat zurückfordern darf und zurückfordern muß, um die Ordnung wiederherzustellen. Die Mißbräuche werden verteidigt durch persönliche Interessen, Einfluß, Vermögen und alte Vorurteile, aber was vermag ihre eitle Verbrüderung gegen das öffentliche Wohl und die Bedürfnisse des Staates? Die Mißbräuche, die heute zum Wohl des Staates vernichtet werden sollen, sind die, die am stärksten in die Augen fallen, die die meisten Verteidiger, die tiefsten Wurzeln und die breitesten Äste haben. Das sind die, die auf der arbeitenden und erwerbenden Klasse lasten: Die Mißbräuche der Geldprivilegien, die Befreiungen vom gemeinen Recht und all die ungerechten Bevorzugungen, die einen Teil der Steuerpflichtigen nur entlasten können, um das Los der anderen zu erschweren; die allgemeine Ungleichheit in der Erhebung der Abgaben, das ungeheure Mißverhältnis in den Leistungen der verschiedenen Provinzen und den Lasten der Untertanen desselben Fürsten; die Härte und Willkür in der Erhebung der Taille; die

[28] 1734–1802, von 1783–1787 Generalkontrolleur der Finanzen (Finanzminister), der zur Lösung der Finanzkrise des französischen Staates zunächst eine Politik der Anleihen verfolgte. Nach deren Scheitern versuchte er, die bevorrechtigten Stände dazu zu bewegen, sich selbst zu besteuern. Zu dem Zweck wurde eine Versammlung von Notabeln einberufen, die sich nur aus Mitgliedern der zwei privilegierten Stände zusammensetzte. Dieser Versuch scheiterte, die Notabeln lehnten die beantragte Grundsteuer ab, und Calonne wurde entlassen.

Angst, die Pein und Entehrung beinah, die dem Vertrieb der notwendigen Erzeugnisse anhaftet; die Zollämter im Inneren und all die Sperrketten, die die verschiedenen Teile des Reiches einander entfremden; die Abgaben, die den Gewerbefleiß entmutigen, deren Erhebung maßlose Kosten und unzählige Angestellte erfordert, die zum Schmuggel förmlich herausfordern und jedes Jahr Tausende von Bürgern unglücklich machen; das Hinschwinden der Krongüter und die Ertraglosigkeit ihrer spärlichen Reste; die Entwertung der königlichen Waldungen und die Verderbnis ihrer Verwaltung; kurz alles, was die Erzeugung von Werten untergräbt, die Quellen des Kredits unterbindet, die Einkünfte unzulänglich macht und sie durch überflüssige Ausgaben verschlingen läßt. Wenn soviel Mißbräuche, trotz immerwährender Rüge, bis jetzt der öffentlichen Meinung, die sie geächtet hat, sowie den Anstrengungen der Staatsmänner widerstanden haben, die ihnen abhelfen wollten, so rührt das daher, daß man durch einen teilweisen Eingriff erreichen wollte, was nur durch eine allgemeine Operation gelingen konnte; daß man glaubte, die Unordnung heilen zu können, ohne ihren Quell zu verstopfen; daß man die Verwaltung bessern wollte, ohne ihre inneren Widersprüche zu beheben, ohne sie zurückzuführen auf den Grundsatz der Einheitlichkeit, der allein alle Schwierigkeiten im einzelnen entfernen und den ganzen Körper des Königreiches neu beleben kann. Die Entwürfe, die der König Ihnen mitteilen will, haben alle dieses Ziel im Auge.

Archives parlementaires I, S. 189 ff.

Abb. 3. Das Defizit. Karikatur 1788. Man sieht, wie Vertreter des Adels und der Geistlichkeit mit den letzten Resten des Staatsschatzes abziehen, während der König über die leeren Kassen jammert und dem Finanzminister Necker Vorhaltungen macht.

Auflehnung des Pariser Parlaments gegen Reformpläne[29]. Beschluß vom 3. Mai 1788 **13**

Das Parlament ... ist der Auffassung, daß die Maßnahmen der Regierung gegen die Richterschaft offenbar durch den Parlamentsbeschluß bestimmt sind, sich zwei unheilvollen Steuern zu widersetzen, sich in der Frage der Beihilfen für unzuständig zu erklären, um dadurch die Einberufung der Generalstände zu erreichen, und die individuelle Freiheit der Bürger zu fordern.
Das Parlament ist zugleich der Auffassung, daß eben diese Maßnahmen daher kein anderes Ziel anstreben, als – möglichst ohne die Generalstände heranzuziehen – die frühere Verschwendung durch Mittel zu decken, die das Parlament nicht anerkennen kann, denen es sich vielmehr widersetzen muß, denn seine Pflicht zwingt es dazu, mit unerschütterlicher Standhaftigkeit die Autorität der Gesetze, das Wort des Königs, die öffentliche Meinung und die auf den Steuern begründete Pfandverschreibung all den Plänen entgegenzusetzen, die die Rechte oder die Pflichten der Nation beeinträchtigen könnten.
Das Parlament ist schließlich der Auffassung, daß das System des einzigen Willens, wie es in den verschiedenen dem König zugeschriebenen Antworten ausgedrückt worden ist, von Seiten der Minister die unheilvolle Absicht ankündigt, die Grundsätze der Monarchie zu vernichten, und daß das der Nation kein anderes Mittel läßt als seitens des Parlaments das einer genauen Erklärung der Grundsätze, die aufrechtzuerhalten es verpflichtet ist, sowie der Vorstellungen, die zu bekennen es nicht aufhören wird.
Auf Grund dieser Überlegungen erklärt das Parlament, daß Frankreich eine von dem König gemäß den Gesetzen regierte Monarchie ist, daß diese Gesetze, von denen mehrere grundlegender Art sind, das Thronrecht des regierenden Herrscherhauses umfassen und gewährleisten – in männlicher Nachkommenschaft in der Ordnung der Erstgeburt, unter Ausschluß ihrer Töchter und deren Nachkommenschaft.
Ferner umfassen diese Gesetze das Recht der Nation, frei die Beihilfen vermittels der Generalstände zu bewilligen, die regelmäßig einzuberufen und regelrecht zusammenzusetzen sind; das Gewohnheitsrecht der Provinzen und die ihnen gewährten Zugeständnisse: die Unabsetzbarkeit der Richter; das Recht der Parlamente, in jeder Provinz die Beschlüsse des Königs zu überprüfen und deren Eintragung nur dann anzuordnen, wenn sie mit den Grundgesetzen der Provinzen wie auch mit den Gesetzen allgemein übereinstimmen; das Recht jedes Bürgers – gleich in welcher Angelegenheit –, nur vor die natürlichen Richter gestellt zu werden, nämlich die, die das Gesetz ihm bestimmt; und das Recht, ohne das die anderen Rechte nutzlos sind, nur verhaftet zu werden, gleich auf Grund welchen Befehls, um unverzüglich den zuständigen Richtern übergeben zu werden. ...

J.-P. Bertaud, Les Origines de la Révolution française. Paris 1971, S. 59 f.

[29] Finanzminister Loménie de Brienne setzte die Reformbestrebungen seines Vorgängers Calonne (vgl. Anm. 28) fort und wollte das Pariser Parlament zwingen, den geplanten Reformen zuzustimmen. Dieser Absicht widersetzt sich das Pariser Parlament mit seinem Beschluß.

14 Vertreter der drei Stände der Dauphiné fordern die Einberufung der Generalstände[30], Vizille, 21. Juli 1788

Wir haben beraten und folgendes beschlossen:
daß die drei Stände ausdrücklich gegen die neuen Verordnungen[31], die am 10. Mai d. J. im Parlament von Grenoble mit militärischer Gewalt eingetragen worden sind, protestieren und erklären, daß sie sich nicht zu Gehorsam verpflichten können, weil ihre Eintragung ungesetzlich ist und weil die Verordnungen den gesetzlichen Aufbau des Königreiches umstoßen;
daß sehr ehrerbietige Vorstellungen bei seiner Majestät erhoben werden, um sie inständig zu bitten, die neuen Verordnungen zurückzuziehen, das Parlament von Grenoble und die anderen Gerichtshöfe wieder in all die Funktionen einzusetzen, mit denen sie zuvor ausgestattet waren, die Generalstände des Königreiches und auch die Ständeversammlung dieser Provinz einzuberufen; daß die drei Stände der Provinz alle diejenigen für schändliche Verräter am Vaterland halten, die Funktionen zur Ausführung dieser neuen Verordnungen übernommen haben oder in Zukunft übernehmen könnten;
daß die drei Stände der Provinz, die bemüht sind, allen Franzosen ein Beispiel der Einheit und der Anhänglichkeit an die Monarchie zu bieten, und die zu allen Opfern bereit sind, die die Sicherheit und der Ruhm des Thrones fordern könnten, die Steuern – durch freiwillige Gaben oder anders – nur dann zu bewilligen bereit sind, wenn ihre Vertreter hierüber in den Generalständen des Königreiches beraten haben;
daß in den Ständevertretungen der Provinz die Abgeordneten des Dritten Standes an Zahl gleich sein sollen mit den Vertretern der beiden ersten Stände zusammen[32], daß alle Plätze darin der Wahl unterliegen und daß die Frondienste durch eine Steuerleistung der drei Stände ersetzt werden...;
daß die drei Stände der Dauphiné ihre Sache nie von der der anderen Provinzen trennen werden und daß sie, wenn sie ihre besonderen Rechte vertreten, die der Nation nicht aufgeben werden.

H. Blet, E. Esmonin et G. Letonnelier, Le Dauphiné; recueil de textes historiques. Grenoble 1938, S. 301 f.

15 Ein Rat an das Volk: Für gemeinsame Sache von König und Volk gegen die Parlamente, 1788

Zwischen dem König und den Parlamenten ist ein Streit ausgebrochen. Die Parlamente haben gesagt: Wir wollen König sein; ein König ist nur ein Par-

---

[30] Versammlungen der drei Stände: Adel, Geistlichkeit, Dritter Stand, vom König in wichtigen Fällen einberufen, aber nur mit beratender Funktion ausgestattet. Das letzte Mal waren sie 1614 einberufen worden.

[31] Hierbei handelt es sich um die Verordnungen, gegen die am 3. Mai das Pariser Parlament protestiert hatte (s. Q. 13).

[32] Eine revolutionäre Forderung, da bisher die drei Stände etwa über die gleiche Anzahl von Vertretern verfügten.

lamentsmitglied. Der König hat gesagt: Soweit ist es noch nicht; wenn ich Euch freie Hand ließe, könnte das wohl eintreten, aber ich werde das nicht zulassen.

Die Parlamente haben gesagt: Wir sind notwendig. Der König hat gesagt: Ich werde Euch zeigen, daß Ihr es nicht seid; Ihr seid von den alltäglichen Angelegenheiten viel zu entfernt, als daß Ihr sie beurteilen könntet. In den Provinzen seid Ihr Tyrannen; niemand wagt es, vor Gericht gegen Euch aufzutreten. Mein Volk aber braucht Richter, die es schützen und es nicht quälen.

Die Parlamente haben gesagt: Wir verteidigen das Volk gegen die Steuern. Der König hat gesagt: Ihr versucht zu täuschen. Es geht nicht um Steuern. Ich habe gesagt, ich forderte keine. Ich habe gezeigt, daß sie für mich nicht notwendig sind. Ich will nur, daß Ihr wie die anderen den Zwanzigsten[33] zahlt, und Ihr bezahlt ihn nicht.

Die Parlamente haben gesagt: Wir sind die Vertreter der Bedürfnisse des Volkes. Der König hat gesagt: Da ich die Bedürfnisse des Volkes kenne, brauche ich keine Vertreter. Ich habe die Provinzversammlungen eingerichtet, damit sie mir diese Bedürfnisse mitteilen, aber Ihr schätzt die Provinzversammlungen[34] nicht. Ich habe versprochen, die Generalstände einzuberufen, und Ihr fürchtet sie, obwohl Ihr sie zu fordern scheint.

Da sind die wahren Verteter des Volkes. Ihr habt nie gegen die Steuer gesprochen, die das Volk belastet; aber Ihr habt die Beihilfe zurückgewiesen, die die beste aller Steuern ist. ...

Die Parlamente haben gesagt: Wir bestehen doch seit langem. Der König hat gesagt: Ihr habt wohl Eure Existenz nicht immer mißbraucht, und alles hat mal sein Ende. Die Jesuiten[35], die Ihr vernichtet habt, bestanden auch schon seit langem. Jede gesellschaftliche Gruppe, die Mißbrauch treibt, vernichtet sich schließlich selbst.

Auf folgendes läuft der gegenwärtige Streit hinaus:

Soll das Volk allein den Zwanzigsten aufbringen? Es fürchtet sich nicht vor einer neuen Steuerverteilung. ...

Soll das Volk Recht erhalten gegen die Mächtigen? Zur Zeit kann es gegen einen Parlamentspräsidenten oder Ratsherren nicht sein Recht erlangen.

König und Volk stehen auf der einen Seite, auf der anderen das Parlament und einige ihm ergebene Adlige. König und Volk werden immer nur eine gemeinsame Sache machen, ein gemeinsames Interesse haben. ...

Anonyme Flugschrift 1788. Bibliothèque Nationale Lb 39.546

---

[33] 1749 eingeführte Einkommensteuer, die auch die Privilegierten entrichten sollten, der sie sich jedoch entzogen.

[34] 1787 von Loménie de Brienne (vgl. Anm. 29) geschaffene Versammlungen, in denen der Dritte Stand doppelt so zahlreich war wie die beiden ersten Stände und die der Regierung dazu dienen sollten, den Widerstand der Notabelnversammlung und der Parlamente gegen die Finanzreform zu unterlaufen.

[35] 1761 und 1762 hatten verschiedene Parlamente die Tätigkeit der Jesuiten verurteilt: der Orden wurde 1764 durch königliches Edikt aufgelöst und verboten.

16 Staatsratsbeschluß über die Einberufung der Generalstände, Versailles, 27. Dezember 1788

Nachdem der König in seinem Staatsrat den Bericht seines Finanzministers über die nächste Einberufung der Generalstände angehört hat, hat seine Majestät dessen Grundsätze und Ansichten angenommen und folgendes befohlen:
1. daß die Zahl der Abgeordneten in den nächsten Generalständen sich wenigstens auf 1000 belaufen soll;
2. daß diese Zahl soweit wie möglich gemäß der Bevölkerung und der Steuerbeiträge jedes Gerichtsbezirks zusammengesetzt werden soll;
3. daß die Zahl der Abgeordneten des Dritten Standes gleich der der beiden anderen Stände zusammen sein und daß dieses Verhältnis durch die Einberufungsbriefe festgelegt werden soll. ...

Jourdan, Isambert, Decrusy, Recueil général des anciennes lois françaises. Band 28, S. 632f.

17 Der Dritte Stand – der Nährvater des Staates. Katechismus des Dritten Standes zum Gebrauch für alle Provinzen Frankreichs und insbesondere der Provence[36], Dezember 1788

Bücher gehören sich für Männer und Katechismen für Kinder. Der Dritte Stand ist noch ein sehr schwaches und unwissendes Kind. Dieser kleine Katechismus wird ihn sehr weise machen, wenn er ihm zeigt, was er anderen schuldig ist, und sehr mächtig, wenn er ihm zeigt, was die anderen ihm schulden... Was bist du? Ein Bauer. – Was ist ein Bauer? Ein Mensch, ein Bürger, ein Glied des Dritten Standes. – Was ist der Dritte Stand? Der Nährvater des Staates, sein edelster Verteidiger. – Inwiefern ist er der Nährvater? Durch den Ackerbau, den Handel, die Gewerbe, die er allein treibt zum Vorteil aller. – Wieso sein edelster Verteidiger? Weil er sich allem widmet, indem er alles opfert, ohne andere Entschädigung noch Hoffnung als fünf Sous, das Spital oder den Tod. – Bringen die beiden ersten Stände keine Opfer? Sie sollten es, zum mindesten aus Gerechtigkeit und Dankbarkeit; sie sind die reichsten Grundherren, sie genießen alle Auszeichnungen, alle Vergünstigungen. – Aber zahlen sie denn keine Abgaben? Sehr wenig, so wenig und so ungern, mit so viel Einschränkungen, daß man sie nicht rechnen darf. – Aber noch einmal, was zahlen sie denn? Ungefähr den zwanzigsten Teil ihrer Einkünfte, den sie leicht ihrem Überfluß entnehmen, während der Dritte Stand, überlastet, ausgemergelt, etwa den dritten Teil seines Einkommens zahlt und meist gezwungen ist, ihn seiner Lebensnotdurft zu entreißen.

Bibl. Nat. Lb 39.817

[36] Mehrere tausend Flugschriften erschienen in jenen Monaten vor den Wahlen zu den Generalständen.

Der Dritte Stand des Gerichtsbezirks Rennes für eine Erklärung der Bürgerrechte (Cahier général[37] de la sénéchaussée de Rennes, Art. X.), 1789 18

Da man sich nicht einbilden kann, jetzt gleich die Verfassung und die vorteilhaftesten Gesetze aufzustellen und zu formulieren, überzeugt davon, daß die jetzt lebenden Menschen ihre Nachkommen nicht binden und daran hindern können, die Verfassung und die Gesetze zu vervollkommnen,
im übrigen überzeugt von der Notwendigkeit, in einem einzigen Dokument die ewigen Prinzipien der gesellschaftlichen Ordnung zusammenzufassen, denen gemäß man in der Folgezeit die Mängel und Irrtümer, die man erkennen würde, korrigieren kann,
sollen die Abgeordneten der Generalstände ihre Arbeiten mit einer detaillierten Erklärung über die wesentlichen Rechte der Bürger und des Volkes beginnen, jener Rechte, die durch kein menschliches Gesetz aufgehoben werden dürfen oder können. – Diese Erklärung soll in Bezug auf die Bürger als Grundlage haben: die Freiheit, die Sicherheit der Personen und die vollkommene Gleichheit aller einzelnen Menschen vor dem Gesetz und in Bezug auf die Steuern, gegenüber dem König und allen Inhabern von Staatsgewalt. In Bezug auf das Volk ist anzuerkennen, daß ihm allein die gesamte gesetzgebende Gewalt zusteht und daß seine Vertreter diese Gewalt ausüben, und daß der König über die gesamte ausübende Gewalt verfügt.

H. Sée, Les Idées politiques en France au XVIIIe siècle. Paris 1920, S. 256 f.

Sendschreiben der Pfarrer der Dauphiné an ihre Amtsbrüder in der Bretagne: Bekenntnis zum Volk gegen die Privilegierten, 1789 19

Wir haben erfahren, daß die Feinde der politischen Freiheit, die Vertreter des Feudaladels, es versucht haben, Euch einzuschüchtern und Euch zu Werkzeugen eines Despotismus zu machen, der schon so schwer auf Euren Häuptern lastet. ...
Gebt Acht: Das Interesse des Volkes und Euer eigenes sind unzertrennlich. Wenn das Volk von der Unterdrückung frei wird, dann werdet Ihr von der Erniedrigung, um nicht zu sagen: Verachtung frei, in die Euch die Hohe Geistlichkeit[38] gestürzt hat und in der sie Euch schon so lange festhält. Wie

---

[37] Als am 24. Januar 1789 die Generalstände einberufen wurden, erging zugleich die Aufforderung, die Wähler sollten ihren Vertretern **cahiers** (Hefte) mitgeben, in denen alle „Klagen, Beschwerden und Wünsche", aufgeführt sein sollten. An die 60 000 cahiers wurden in den folgenden Monaten verfaßt, die ein Bild der damaligen Zustände vermitteln, auch wenn viele Hefte nach Modellen entworfen wurden und die bürgerliche Schicht bei den Heften des Dritten Standes federführend war. Die einzelnen cahiers der Dörfer, Stadtviertel, Zünfte wurden auf der Ebene des Wahlbezirks zusammengefaßt, wie hier das Beispiel.

[38] Die Hohe Geistlichkeit umfaßte um die 10 000 Mitglieder: Erzbischöfe, Bischöfe, Äbte, die sich aus dem Adel rekrutierten und über hohe Einkünfte verfügten. Hingegen lebte die Niedere Geistlichkeit, etwa 120 000 (davon 60 000 Ordensgeistliche), großenteils in ärmlichen Verhältnissen und entstammte dem Dritten Stand; viele von ihnen sollten eine aktive Rolle in der Revolution spielen.

wollt Ihr Achtung gewinnen, solange Ihr nur die Seelenhirten von einer Herde von Sklaven seid? Solange die Plebejer in den Augen der adligen Menschen von niedriger Natur und zur Knechtschaft bestimmt sind, werden sich Eure Bischöfe nicht dazu entschließen können, Euch als ihre Mitarbeiter zu betrachten; Ihr werdet erst dann wieder volle Rechte gewinnen können, wenn das Volk seine vollen Rechte wiedererlangt. Wenn Ihr für das Volk kämpft, kämpft das Volk für Euch.

Was haben wir groß von den Bischöfen zu fürchten? Hat nicht unser erhabener Auftrag den gleichen Ursprung wie der ihrige? Sind wir nicht unabsetzbar wie sie? Sind wir nicht, jeder von uns, ein Bischof in unseren Gemeinden? Sind wir nicht im Hinblick auf sie das, was zu Anfang des Christentums die 72 Jünger gegenüber den 12 Aposteln waren? Die einen waren nicht vornehmer als die anderen. ...

Wir sind 40000 Pastoren, die Elite des Dritten Standes nach unserer Erziehung, unserem Verstand, unseren Tugenden. Sollten nicht 40000 Seelenhirten, die für ihre Schäflein notwendig und kostbar sind, den Sieg über 120 Bischöfe davon tragen, die das Werk von Kabalen und Intrigen und fast all ihren Bistümern fremd sind? ...

Ihr Diener Gottes, die Ihr durch Euren Stand damit beauftragt seid, in Seinem Namen zu verkünden, daß wir in Seinen Augen alle gleich sind, Ihr dürft keinen Unterschied zwischen dem Adligen und dem Nichtadligen machen; Ihr dürft nicht jene heiligen Grundsätze mit den Füßen treten, um blind die Meinung der Adligen zu übernehmen, besonders nicht dann, wenn sie die Sklaverei der Euch anvertrauten Menschen verewigen wollen. ...

Bertaud, a. a. O., S. 25 f.

20 **Forderungen der Bauern aus Guyancourt**[39]. Beschwerdebrief[40] des Dorfes Guyancourt, 1789

Die Einwohner dieser Gemeinde fordern:

1. daß alle Steuern von den drei Ständen ohne irgendwelche Ausnahme gezahlt werden, von jedem Stand gemäß seinen Kräften;

2. das gleiche Gesetz und Recht im ganzen Königreich;

3. die völlige Aufhebung der Sondersteuern und der Salzsteuer;

4. die Abgabenfreiheit aller Messen und Märkte und die Abschaffung aller Wegegelder;

5. die völlige Beseitigung, jeglicher Art von Zehnten in Naturalien; ...

8. daß die Eigentumsrechte heilig und unverletzlich sind;

9. daß rascher und mit weniger Parteilichkeit Recht gesprochen wird;

10. daß alle Frondienste, welcher Art sie auch sein mögen, beseitigt werden;

11. daß die Einziehung zum Heeresdienst nur in den dringenden Fällen er-

[39] Dorf mit etwa 600 Einwohnern, wenige Kilometer von Versailles entfernt.
[40] Vgl. Anm. 37.

Abb. 4. Befrei' uns, Herr, von den Schlagbäumen! Abb. 5. Befrei' uns, Herr, von den Schloßhauptleuten und den Jagdhütern! Zwei Stiche aus einer Serie über die Abschaffung der Feudalrechte aus dem Jahre 1789. Zu den in den Beschwerdeheften aufgeführten Forderungen gehörte auch die Abschaffung aller den Handel behindernden Binnenzölle und die Abschaffung der grundherrlichen Jagdrechte.

folgt und daß in diesem Fall alle Stände ohne irgendwelche Ausnahme oder Befreiung hierzu beitragen;

...

17. daß alle Pfarrer verpflichtet sind, alle ihre Amtspflichten zu erfüllen, ohne dafür irgendeine Bezahlung zu fordern; ...

Alba, Histoire contemporaine. Paris 1940, S. 6

Beschwerden und Forderungen der Handwerker von Pont-l'Abbé[41] **in der Bretagne** vom 13. April 1789 **21**

Wir, die Einwohner der Pfarrgemeinde von Pont-l'Abbé...
Art. 9. Wir möchten Ihrer Majestät darlegen, daß die Bevölkerung der Bretagne, sowohl in den Städten als auch auf dem Lande, von den Adligen und der hohen Geistlichkeit wie Sklaven behandelt wird. Sie zwingen und verpflichten die Angehörigen des Dritten Standes dazu, in ihren Mühlen und in

[41] Es handelt sich hier um eines der Hefte, in denen der soziale Konflikt im Dritten Stand offen zutage tritt. Hier spricht nicht die bürgerliche Schicht für die unteren Volksschichten, wie in so vielen Heften, sondern diese ergreifen das Wort in eigener Sache.

ihren Zwangsöfen backen zu lassen, damit sie dort von den unehrlichen Müllern, die unser Korn verderben, ungestraft bestohlen werden. Die Bäcker verderben uns unseren Teig durch schlechtes Backen. Möge es uns von nun an gestattet sein, in den Mühlen zu mahlen und in den Öfen backen zu lassen, die nicht den Grundherren gehören, deren Müller und Bäcker ihr Bestes für uns tun, ohne daß wir von irgendeiner Seite daran gehindert werden, damit es so in dieser Hinsicht in der Bretagne keine Sklaven mehr gibt und jeder frei ist...

Art. 10. Wir möchten Ihrer Majestät die größte und schrecklichste aller elenden Nöte des bretonischen Volkes darlegen, damit es Ihrer Majestät gefallen möge, ihr abzuhelfen. Die Urheber davon sind die Raffhälse dieses Jahrhunderts durch ihre andauernde Ausfuhr von Getreide jeglicher Art aus der Bretagne. Diese Kornausfuhren sind die Ursachen dafür, daß wir seit 1760 und 1780 für Getreide einen überhöhten Preis zahlen, was in der Provinz ein Elend ohnegleichen verursacht hat... 1760 und 1761 bezahlte man für 120 Pfund Roggen 3 Pfund bzw. 3 Pfund 10 Sous[42]. Damals wimmelte unsere Gegend keineswegs von soviel unglücklichen Menschen, wie es seitdem der Fall ist... Um derartigem Unglück vorzubeugen, sollte allen Kaufleuten und Händlern verboten werden, Getreide aus der Bretagne auszuführen, sobald der Preis für 120 Pfund Roggen auf unseren Märkten 4 Pfund übersteigt...

Art. 13. Von nun an soll man die Zusammensetzung der 12 Vertreter der Gemeinde Pont-l'Abbé auf folgende Weise regeln: 4 von der bürgerlichen Schicht zu stellen, 4 von den angesehensten Handwerkern, 4 von den besten Bauern... Ferner sollen diese Männer die politische Vertretung von Pont-l'Abbé bilden, und alle Gemeindeämter, wie Bürgermeister, Steuereinnehmer und andere, sollen sowohl den Bauern wie auch den Handwerkern und den Bürgerlichen zugestanden werden. Denn es ist unwürdig und ungerecht, ehrbaren Staatsbürgern öffentliche Ämter ihrer Gemeinde vorzuenthalten, ... wie es seit einigen Jahren die Bürgerlichen in Pont-l'Abbé getan haben.

Art. 16. ... Wir erklären und versichern, daß die Schicht der Bürgerlichen sich geweigert hat, unsere Klagen anzuhören und unsere Forderungen entgegenzunehmen, so auch das Heft mit den Klagen der Gemeinde, um sie amtlich einzutragen. Vor acht Tagen haben wir Vertreter ernannt, sowohl aus der Schicht der Bauern als auch der Arbeiter...; trotz aller möglichen Vorsichtsmaßnahmen haben diese Herren nie weder unsere Klagen noch unsere Forderungen anhören wollen... Nachdem wir von jenen Herren zurückgewiesen worden sind, haben wir alle uns darüber verständigt, uns in die Kirche des Heiligen Retters zurückzuziehen, um unsere Klagen und Beschwerden gegen die bürgerliche Schicht von Pont-l'Abbé, die uns dauernd entgegenarbeitet, schriftlich festzuhalten.

Savina et Bernard (Hrsg.), Cahiers de doléances des sénéchaussées de Quimper et de Concarneau pour les Etats généraux de 1789. Rennes 1927, Band 1, S. 64

---

[42] Ein französisches Pfund jener Zeit setzte sich aus 20 Sous zusammen; ein Sou entsprach 1 1/2 Kreuzern.

Emmanuel-Joseph Sieyès[43] über die Bedeutung und die Forderungen des Dritten Standes, Januar 1789 **22**

Der Plan dieser Schrift ist ganz einfach. Wir legen uns nur drei Fragen vor:

1. Was ist der Dritte Stand? *Alles.*
2. Was ist er bis jetzt in der politischen Ordnung gewesen? *Nichts.*
3. Was verlangt er? *Etwas zu werden.*

Man wird in der Folge sehen, ob diese Antworten richtig sind. Nachher werden wir die Mittel betrachten, welche man angewendet hat, und untersuchen, welche Mittel man ergreifen muß, damit der Dritte Stand wirklich etwas wird.

Wir werden also zeigen:

4. was zu seinen Gunsten die Minister versucht haben, und was die Privilegierten selbst vorschlagen;
5. was man hätte tun sollen;
6. was dem Dritten Stand zu tun übrigbleibt, um den Platz einzunehmen, der ihm gebührt.

Der Dritte Stand ist eine vollständige Nation

...Alle öffentlichen Dienstgeschäfte lassen sich im jetzigen Zustande unter die vier bekannten Benennungen, nämlich des Kriegsdienstes, der Rechtspflege, der Kirche und der Staatsverwaltung, bringen. Es wäre überflüssig, sie einzeln durchzugehen, um zu zeigen, daß der Dritte Stand überall neunzehn Zwanzigstel dazu hergibt, mit diesem Unterschiede, daß er mit allem, was wirklich beschwerlich ist, und mit allen Diensten belastet wird, welche der privilegierte Stand zu tun sich weigert. Die einträglichen und ehrenvollen Stellen sind allein von den Angehörigen des privilegierten Standes besetzt... Diese Ausschließung ist ein gesellschaftliches Verbrechen und eine wahre Feindseligkeit gegen den Dritten Stand...

Was ist eine Nation? Ein Zusammenschluß von Partnern, welche unter einem gemeinsamen Gesetz leben und die durch eine und dieselbe gesetzgebende Versammlung vertreten wird. Ist es nun nicht zu gewiß, daß der Adelsstand Vorrechte, Befreiungen genießt, welche er seine Rechte zu nennen sich erdreistet und welche von den Rechten des großen Ganzen der Bürger abgesondert sind? Er tritt dadurch aus der gemeinen Ordnung, aus dem gemeinschaftlichen Gesetz heraus. Also machen schon seine bürgerlichen Rechte aus ihm ein eigenes Volk in der großen Nation...

[43] 1748–1836, Abbé, Mitglied der Nationalversammlung und des Konvents, beteiligt am Staatsstreich Napoleons 1799, berühmt geworden durch seine zunächst anonym erschienene, mehrfach nachgedruckte Flugschrift.

Was ist der Dritte Stand bis jetzt gewesen? Nichts

Kurz zusammengefaßt: der Dritte Stand hat bis jetzt in den Generalständen keine wahren Vertreter gehabt; er befand sich also nicht im Besitz seiner politischen Rechte.

Was verlangt der Dritte Stand? Etwas zu werden

...Er will haben 1., daß wahre Vertreter bei den Generalständen, d.h. Abgeordnete, aus seinem Stand genommen werden, welche die Ausleger seines Willens und die Verteidiger seines Interesses sein können.
Allein wozu würde es ihm nützen, den Generalständen beizuwohnen, wenn das dem seinigen entgegengesetzte Interesse dort die Oberhand hätte? Er würde durch seine Gegenwart die Unterdrückung, deren ewiges Opfer er sein würde, nur bestätigen. Also ist es wohl gewiß, daß er bei den Generalständen nicht stimmen kann, wenn er da nicht einen wenigstens gleichen Einfluß mit den Privilegierten haben soll. Er verlangt 2. ebenso viele Vertreter wie die beiden anderen Stände zusammen. Da aber diese Gleichheit der Vertretung vollkommen täuschend sein würde, wenn jede Kammer ihre gesonderte Stimme hätte, so verlangt der Dritte Stand also 3., daß die Stimmen nach den Köpfen und nicht nach den Ständen genommen werden sollen. Das sind die Forderungen, welche unter den Privilegierten Feueralarm zu verbreiten schienen; sie haben geglaubt, daß dadurch die Reform der Mißstände unvermeidlich würde. Die bescheidene Absicht des Dritten Standes ist es, bei den Generalständen den gleichen Einfluß wic die Bevorrechtigten zu haben...

Was zu tun übrigbleibt

Der Dritte Stand muß aus der Begegnung der Gemüter und aus der Lage der Dinge gewahr werden, daß er nur noch etwas von seiner Aufklärung und von seinem Mut zu hoffen hat. Die Vernunft und die Gerechtigkeit sind für ihn; er muß sich wenigstens der ganzen Kraft derselben versichern. Nein, es ist nicht mehr Zeit, an der Vereinigung der Parteien zu arbeiten...
Die Aristokraten, welche zuerst angriffen, haben nicht bedacht, daß sie die größte Ungeschicklichkeit begingen, indem sie gewisse Fragen in Bewegung setzten. Bei einem an die Sklaverei gewöhnten Volke kann man die Wahrheiten schlafen lassen; allein wenn Ihr die Aufmerksamkeit erregt, wenn Ihr mahnt, zwischen denselben und dem Irrtum zu wählen, so heftet sich der Geist an die Wahrheit ebenso, wie sich gesunde Augen nach dem Licht wenden. Das Licht in der Moral kann sich aber nicht auf einen gewissen Punkt verbreiten, ohne, ob sie will oder nicht, zur Gerechtigkeit zu führen; und zwar deswegen, weil die Wahrheiten in der Moral an die Rechte gebunden sind; weil die Kenntnis der Rechte das Gefühl davon erweckt. Und weil das Gefühl seiner Rechte im Grunde der Seele die Feder der Freiheit, welche bei den Europäern niemals ganz zerbrechen wird, wieder aufzieht...
Bei diesem neuen Zustand der Dinge ist es natürlich, daß die unterdrückten Klassen lebhafter das Bedürfnis der Rückkehr der guten Ordnung fühlen; sie

haben mehr Interesse, die Gerechtigkeit, diese erste, so lange von der Erde verbannte Tugend, unter die Menschen zurückzurufen. Dem Dritten Stande obliegt es also, die ersten Anstrengungen und fast alle Fortschritte zur nationalen Erneuerung zu machen. Man muß überdies denselben daran mahnen, daß es für ihn, sollte es ihm nicht gelingen, seine Lage zu verbessern, nicht darum gehen kann, wenigstens so zu bleiben, wie er war. Die Umstände leiden nicht diese Berechnung der Feigheit. Man muß vorwärtsgehen, sonst weicht man zurück.

Sieyès, Qu'est-ce que le Tiers Etat? Paris 1789, S. 6 f., 13, 27 f., 137 f.

III. Nationalversammlung und Volkserhebung

Mit der Eröffnung der Generalstände wurde eine Dynamik in Gang gesetzt, die sich als nicht mehr kontrollierbar erweisen sollte. Als die Abgeordneten zusammentraten – 578 für den Dritten Stand, 291 für den Klerus, 270 für den Adel –, war noch nicht einmal klar, ob die Abgeordneten weiterhin getrennt als Stände oder insgesamt nach Köpfen abstimmen sollten.
Der König zeigte sich von Anbeginn nicht bereit, Eingriffe in die gesellschaftlichen Verhältnisse zuzulassen. Ihm lag allein an der Sanierung der Finanzen. Damit ging die Initiative an den Dritten Stand über, der als Vertreter der Nation auftrat und die Ständeordnung in Frage stellte. Die Vertreter des Dritten Standes erklärten sich zunächst zum „Unterhaus" (ein Teil des niederen Klerus schloß sich an) und dann zur Nationalversammlung. Der erste symbolische Akt der Revolution war der Ballhausschwur, mit dem die Nationalversammlung den Anspruch erhob, dem Königreich Frankreich eine Verfassung zu geben. Der Widerstand des Königs und eines Teiles des Adels konnte nicht verhindern, daß sich die Abgeordneten unter Führung des Dritten Standes zur Verfassungsgebenden Nationalversammlung erklärten.
Die Hoffnungen auf eine Besserung der Zustände übertrugen sich jetzt auf die Nationalversammlung, und diese Hoffnungen waren umso stärker, als das Land in einer schweren Wirtschaftskrise steckte. Die schlechte Getreideernte 1788 hatte eine allgemeine Teuerung nach sich gezogen und in vielen Teilen Frankreichs Lebensmittelunruhen hervorgerufen. Die Teuerung wurde zum Teil dem König und dem Adel zur Last gelegt und nährte Gerüchte über ein Adelskomplott, das den in Gang gesetzten Prozeß zunichte machen würde.
In Paris lösten schließlich die vom König veranlaßten Truppenzusammenziehungen Furcht vor einem Gewaltstreich gegen die Nationalversammlung aus. Der Sturm auf die Bastille am 14. Juli 1789 sollte einem solchen Gewaltstreich zuvorkommen; er ließ zum ersten Mal die Volksmassen als Träger der Revolution in Erscheinung treten. Ihr gewaltsamer Eingriff zwang den König, die geschaffenen Tatsachen, d. h. die Nationalversammlung, anzuerkennen.
Die Tragweite dieses Ereignisses, das sofort ein starkes Echo in ganz Frankreich fand, war den Zeitgenossen klar. Der 14. Juli war zugleich Auftakt zur Emigration von Teilen des Adels, die zu keinem Verzicht bereit waren. Die auf dem Lande noch immer verbreitete Furcht vor einem neuen Adelskomplott führte in der 2. Julihälfte zu Bauernunruhen. Die Bauern erhoben sich gegen die Feudalherren, verbrannten Schlösser, verweigerten die Abgaben.
Unter dem Druck der Bauernunruhen vollzog die Nationalversammlung in der Nacht vom 4. zum 5. August 1789 einen gesetzgeberischen Akt von folgenschwerer Bedeutung: Sie zerstörte die ständische Ordnung. Sie stellte die Steuergleichheit aller Bürger her, beschloß die käufliche Ablösung der verbrieften grundherrlichen Rechte und vieles mehr. Drei Wochen später verabschiedete sie im Geiste der Aufklärung die Erklärung der Menschen- und Bürgerrechte, die „Todesurkunde des Ancien Régime".
Die Frage kann gestellt werden, ob diese Monate zwischen Mai und August 1789 die wichtigsten der Revolution waren. In ihnen wurden die Grundlagen einer neuen Gesellschaftsordnung gelegt und neue politische Kräfte freigesetzt: die Nationalversammlung und die Volksmassen. Zwischen ihnen bestand keine Dek-

kungsgleichheit, aber doch gemeinsame Gegnerschaft gegen die alte Ordnung. Unfähig, das Gebot der Stunde zu erkennen, Reformen einzuleiten und sich als Mittler zwischen Adel und Bürgertum zu verhalten, hatte das Königtum im Grunde bereits verspielt.

Die Generalstände[44] erklären sich zur Nationalversammlung am 17. Juni 1789 in Versailles **23**

Nach Prüfung der Vollmachten stellt diese Versammlung fest, daß sie sich bereits aus den Abgeordneten zusammensetzt, die von zumindest 96% des Volkes entsandt worden sind.
Eine derartige Masse von Vertretern darf nicht inaktiv bleiben, weil die Abgeordneten einiger Kreise oder einiger Klassen von Bürgern fehlen; denn die Abwesenden, die zur Teilnahme aufgerufen waren, können die Anwesenden nicht daran hindern, ihre Rechte voll auszuüben, besonders wenn die Ausübung dieser Rechte zu einer gebieterischen und dringenden Pflicht geworden ist. ...
Die Benennung *Nationalversammlung* ist die einzige, die bei dem gegenwärtigen Stand der Dinge der Versammlung zukommt, sowohl weil die Mitglieder, aus denen sie sich zusammensetzt, die einzigen Vertreter sind, die gesetzlich und öffentlich anerkannt und bestätigt sind, als auch weil sie direkt von nahezu dem gesamten Volk entsandt worden sind, als auch weil – da die Versammlung eine unteilbare Einheit darstellt – keiner der Abgeordneten, von welcher Schicht oder Klasse er auch gewählt sein mag, das Recht besitzt, seine Funktionen getrennt von der gegenwärtigen Versammlung auszuüben.
Die Versammlung wird nie die Hoffnung aufgeben, in ihrer Mitte alle heute noch abwesenden Abgeordneten zu vereinigen; sie wird nicht davon ablassen, sie zur Erfüllung der ihnen auferlegten Verpflichtung anzuhalten, an der Abhaltung der Generalstände mitzuwirken. Sie erklärt schon jetzt, daß sie, sobald im Laufe der jetzt beginnenden Tagung die abwesenden Abgeordneten erscheinen, gern dazu bereit ist, sie aufzunehmen und mit ihnen, nach Überprüfung ihrer Vollmachten, weiter die großen Arbeiten zu verfolgen, die zu der Wiedergeburt Frankreichs führen sollen. Die Nationalversammlung beschließt, daß die Beweggründe des vorliegenden Beschlusses sofort schriftlich formuliert werden, damit sie dem König und dem Volk vorgelegt werden.

J.-B. Duvergier, Collection complète des lois, décrets, ordonnances, règlements et avis du Conseil d'Etat... de 1788 à 1824. Paris 1824, Band I, S. 27.

---

[44] Mit dem Zusammentritt der Generalstände am 5. Mai 1789 begann der Kampf um den Abstimmungsmodus (nach Köpfen oder Ständen). Der Dritte Stand lehnte die Einteilung in Stände ab und erklärte sich am 6. Mai nach englischem Muster zum Unterhaus (Communes). Die Vertreter der beiden anderen Stände wurden aufgefordert, sich dem „Unterhaus" anzuschließen. Einige Geistliche folgten der Aufforderung. Am 17. Juni erklärte sich das „Unterhaus" zur Nationalversammlung und beanspruchte das Recht auf Steuerbewilligung. Am 19. Juni beschloß der Klerus mehrheitlich, sich dem Dritten Stand bzw. der Nationalversammlung anzuschließen.

24 **Der Ballhaus-Schwur in Versailles** am 20. Juni 1789[45]

Da die Nationalversammlung davon überzeugt ist, daß sie berufen ist, die Verfassung des Königreichs festzulegen, die Wiederherstellung der öffentlichen Ordnung durchzuführen und die wahren Grundsätze der Monarchie aufrechtzuerhalten, kann nichts verhindern, daß sie ihre Beratungen fortführt, an welchem Ort auch immer sie gezwungen wird, sich niederzulassen, und daß die Nationalversammlung schließlich überall da existiert, wo ihre Mitglieder sich zusammenfinden.
Demgemäß beschließt sie, daß alle Mitglieder dieser Versammlung sofort einen feierlichen Eid leisten, sich niemals zu trennen und sich überall da zu versammeln, wo es die Umstände erfordern, bis die Verfassung des Königreiches auf fester Grundlage errichtet und gesichert ist, und daß, nachdem besagter Eid geleistet ist, alle Mitglieder und jeder für sich durch ihre Unterschrift diesen unerschütterlichen Entschluß bekräftigen.

Buchez et Roux, Histoire parlementaire de la Révolution française. Paris 1834–1838, Band II, S. 3 (Im folgenden zitiert als „Histoire parlementaire“)

25 **Nationalversammlung oder nicht? Erklärungen des Königs Ludwig XVI. vor den Generalständen gegen den Beschluß des Dritten Standes** am 23. Juni 1789

Der König will, daß die alte Unterscheidung der drei Stände des Staates vollständig erhalten bleibt, weil sie wesentlich verknüpft ist mit der Verfassung seines Reiches; daß nur die von jedem der drei Stände frei gewählten Abgeordneten als die Körperschaften anzusehen sind, die die Nation vertreten, wobei sie in drei Kammern nach Ständen beraten und mit Bewilligung des Herrschers auch beschließen können, gemeinsam zu beraten. Demgemäß hat der König erklärt, daß die von den Abgeordneten des Dritten Standes am 17. Juni gefaßten Beschlüsse ebenso wie die, die daraus folgen können, null und nichtig sind, weil sie ungesetzlich und verfassungswidrig sind...
Alle Eigentumsrechte werden ohne Ausnahme standhaft beschützt werden, und ausdrücklich begreift seine Majestät unter dem Begriff Eigentum die Zehnten, Grundzinsen, Renten, feudalen und grundherrlichen Rechte und Pflichten (dîmes, cens, rentes, droits et devoirs féodaux et seigneuriaux) und überhaupt alle nutzbringenden oder ehrenden Rechte und Vorrechte, welche an Gütern und Lehen oder an Personen haften (tous les droits et prérogatives utiles ou honorifiques attachés aux terres et aux fiefs, ou appartenant aux personnes).

Befehl des Königs, anschließend an die Verlesung der Erklärung:
„Ich befehle Ihnen, meine Herren, sich auf der Stelle zu trennen und sich morgen jeder in dem seinem Stande angewiesenen Saal einzufinden.“

[45] Der König, mit dem Adel entschlossen, der Nationalversammlung Widerstand zu leisten, ließ am 20. Mai deren Sitzungssaal verschließen. Daraufhin versammelten sich die Abgeordneten im Ballhaus (Jeu de Paume).

Worte des Zeremonienmeisters, gerichtet an die Vertreter des Dritten Standes, die dem Befehl des Königs nicht gefolgt und sitzen geblieben waren:
„Meine Herren, Sie haben die Befehle des Königs gehört."

Antwort Mirabeaus[46] hierauf:
„Ja, mein Herr, wir haben gehört, was man dem König eingegeben hat; und Sie, der Sie sein Organ in der Nationalversammlung nicht sein können, der Sie hier weder Sitz noch Stimme noch ein Recht zu reden haben, Sie sind nicht der Mann, uns an seine Rede zu erinnern. Aber, um jedes Mißverständnis und jeden Aufschub zu verhüten, erkläre ich Ihnen, daß, wenn man Sie beauftragt hat, uns von hier fortzuschaffen, Sie sich Befehle zur Anwendung von Gewalt beschaffen müssen. Denn nur vor der Gewalt der Bajonette werden wir vom Platz weichen."

Histoire parlementaire II, S. 13–17

26 **Pariser Wahlmänner des Dritten Standes für die Aufstellung einer Bürgerwehr[47]** am 12. Juli 1789

Die im Pariser Rathaus versammelten Wahlmänner des Dritten Standes beschließen am 12. Juli 1789:
1. daß alle im Rathaus versammelten Bürger sich sofort in ihre Bezirke zurückbegeben;
2. daß der Polizeichef sofort ins Rathaus gebeten wird, um die von ihm veranlaßten Einzelheiten mitzuteilen;
3. daß sofort ein ständiger Ausschuß geschaffen wird, der sich aus Personen zusammensetzt, die von der Versammlung ernannt werden und deren Zahl durch die Wahlmänner erhöht wird, wenn sie es für angebracht halten;
4. daß auf der Stelle eine Verbindung zwischen dem ständigen Ausschuß und den Bezirken hergestellt wird;
5. daß sofort in jedem Bezirk eine namentliche Liste aufgestellt wird, zunächst von 200 Bürgern (deren Zahl allmählich erhöht wird), daß diese Bürger bekannt und fähig sein müssen, Waffen zu tragen, daß sie als Pariser Bürgerwehr zusammentreten, um gemäß den von dem ständigen Ausschuß gegebenen Anweisungen für die öffentliche Ordnung zu sorgen;

---

[46] Honoré-Gabriel Riqueti, Graf Mirabeau, 1749–1791, Adliger, der sich für den Dritten Stand hatte wählen lassen und durch seine Redegewandtheit in der Nationalversammlung hervorstach. Nach seinem Tode stellte sich heraus, daß er seit Ende 1789 gegen ein hohes Entgelt die Interessen des Hofes wahrgenommen hatte, weswegen seine Leiche 1794 aus dem Pantheon entfernt wurde. – Das Zitat ist nicht genau verbürgt.

[47] Truppenzusammenziehungen um Paris und Versailles ließen Ende Juni 1789 erkennen, daß die königliche Partei einen Gewaltstreich gegen die Nationalversammlung vorbereitete. Als am 11. Juli der Minister Necker entlassen wurde, brachen in Paris Unruhen aus. – Der Beschluß der Pariser Wahlmänner soll die Ordnung garantieren, sowohl gegen die Royalisten als auch gegen die unruhigen Volksmassen.

6. daß die Mitglieder des ständigen Ausschusses im Rathaus die erforderliche Anzahl von Verwaltungsstellen errichten, um für den Unterhalt, die Organisation und den Dienst der Pariser Bürgerwehr zu sorgen;

...

9. daß die in den Bezirken versammelten Bürger gebeten werden, durch ihre ausdrückliche Zustimmung das, was in der Vollversammlung beschlossen worden ist, gutzuheißen.[48]

Histoire parlementaire II, S. 92 f.

27 Die Einnahme der Bastille am 14. Juli 1789[49]

Die gewaltige Festung, deren Bau 1369 unter Karl V. begonnen und 1383 beendet wurde, dieser furchterregende Koloß, den Ludwig XIV. und Turenne[50] für uneinnehmbar hielten, ist also schließlich im Sturm im Verlauf von vier Stunden eingenommen worden, von einer unausgebildeten, führungslosen Bürgerwehr, von unerfahrenen Bürgern, unterstützt allerdings von einigen Soldaten des Vaterlandes, kurz von einer Handvoll freier Menschen! Oh heilige Freiheit, wie groß ist Deine Macht! Der tapfere Grenadier Arné, der als erster sich des Gouverneurs bemächtigte, erhielt gestern aus der Hand der Pariser Versammlung, aus den Händen der Bürger von Paris im Namen der Nation die Bürgerkrone und das Kreuz des königlichen Ordens vom Heiligen Ludwig, das der verräterische Gouverneur der Bastille getragen hatte, eine ehrenvolle, seines Mutes würdige Belohnung. ...

Révolutions de Paris[51], N° 1 du mercredi 15 juillet 1789. Vgl. A. Soboul, 1789. L'an Un de la Liberté. Paris 3/1973, S. 152

28 Antoine Rivarol[52] über den 14. Juli 1789

In Versailles erfuhr man bald, daß der Pöbel sich zusammen mit der Bürgerwehr auf das Hôtel des Invalides gestürzt und 30000 Gewehre weggeschleppt hatte und daß er von da aus zur Bastille gezogen war. Nach diesen Berichten wurde der Gouverneur, der die Torheit begangen hatte, sich in die äußeren Umwallungen zu begeben und sich nicht um die Zugbrücken zu bekümmern, nach zwei- bis dreistündigen Verhandlungen und einigem Hinundher angegriffen und mit seiner kleinen Truppe von Veteranen zur Übergabe gezwungen.

---

48 Im Anschluß hieran am 13. Juli: die Bildung einer revolutionären Stadtverwaltung und die Aufstellung einer Bürgerwehr von 12000 Mann.

49 Am Morgen des 14. Juli hatten die erregten Pariser Volksmassen das Waffenarsenal des Hôtel des Invalides gestürmt und sich 32000 Gewehre verschafft. Von da aus zogen sie zur Bastille, dem Symbol willkürlicher Herrschergewalt, und stürmten sie.

50 Henri de La Tour d'Auvergne, Vicomte de Turenne, 1611–1675, bedeutendster französischer Heerführer vor Napoleon.

51 Eine der zahlreichen neuen Zeitungen demokratischer Tendenz. Ihre Devise: „Die Großen erscheinen uns nur groß, weil wir knien. Erheben wir uns!"

52 1753–1801, Moralist, seit Anfang an Gegner der Revolution, emigrierte 1792, starb in Berlin.

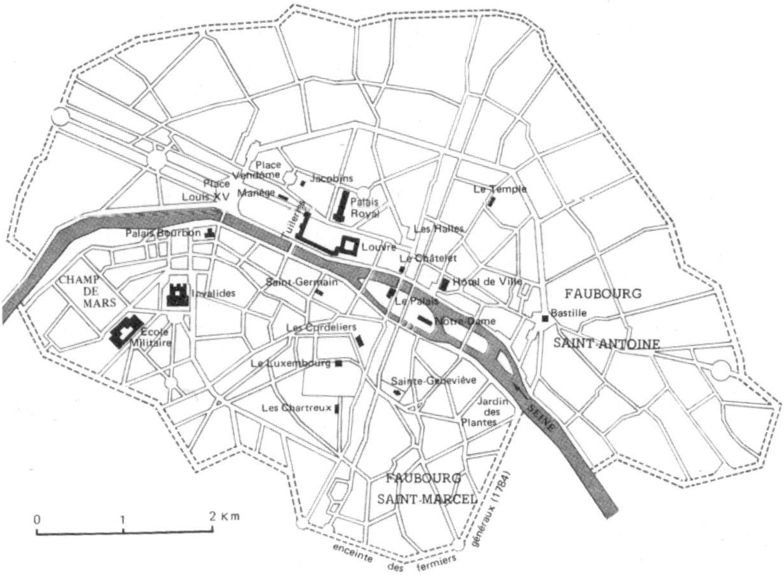

Abb. 6. Paris zur Zeit der Französischen Revolution. Nach: René Rémond, La vie politique en France depuis 1789, Band 1: 1789–1848. Paris 1966. Paris war das Zentrum des revolutionären Frankreich. Auf einem Raum von wenigen Quadratkilometern spielten sich die wichtigsten Ereignisse ab. Die Nationalversammlung tagte bis 1793 im Manège, dem Reitsaal der Tuilerien, dann in einem Flügel der Tuilerien; ab 1797 tagte eine der Kammern (Rat der 500) im Palais Bourbon, die andere (Rat der Alten) wieder im Manège. Die wichtigsten Klubs befanden sich ganz in der Nähe. Sitz der Pariser Kommune war das Hôtel de Ville, das Rathaus. In wenigen Stunden konnten sich die Volksmassen sammeln, um gegen die politischen Entscheidungen zu protestieren. Paris war damals mit mehr als 500 000 Einwohnern die bevölkerungsreichste Stadt Frankreichs.

Obgleich die Regierung schuldig war, weil sie gegen das Gewitter, das sich so kräftig angekündigt hatte, keinerlei Maßnahmen ergriffen hatte, war der Gouverneur de Launay nicht weniger tadelnswert, weil er sich auf Verhandlungen mit dem Pöbel eingelassen hatte. Hätte er sich in die Bastille eingeschlossen, wäre er unüberwindlich gewesen. Wie das nun immer auch sein mag: Dieser unglückliche Gouverneur ist für seinen Leichtsinn schwer bestraft worden; das durch seinen Widerstand und den Tod einiger Bürger beim Angriff erregte Volk schleppte ihn zu der Place de Grève[53] und schlug ihm den Kopf ab, nachdem man ihn mit Schlägen und Beschimpfungen überhäuft

[53] Früherer Name des Platzes vor dem Rathaus, wo unter der Monarchie die Hinrichtungen stattfanden.

hatte. Dieser Kopf wurde auf der Spitze einer Lanze durch die Straßen zum Palais Royal[54] getragen.

Darin besteht die ganze Erstürmung der Bastille, die von dem Pariser Pöbel derart gefeiert wird. Geringes Risiko und viel Grausamkeit von seiner Seite und schwere Unbesonnenheit von Seiten de Launays; kurz gesagt: Es war nur eine Inbesitznahme.

Der vor Stolz und Wut trunkene Pöbel lud auf einen Trimphwagen irgendeinen Deserteur der französischen Garde, der sich als erster auf die Zugbrücke der Bastille gestürzt hatte. Man hing ihm ein Ordenskreuz vom Heiligen Ludwig und sogar den Ritterorden vom Heiligen Geist um; so dekoriert brachte man ihn zum Palais Royal, wo sich der aufgespießte Kopf des unglücklichen Launay befand.

Journal politique national N° 8, 29. Juli 1789. Vgl. A. Soboul, a. a. O., S. 158

29 **Große Furcht durch falschen Alarm**[55]. Brief Dambys, eines Bürgers aus Crépy-en-Valois, an das Journal de Paris[56] vom 28. Juli 1789

Gestern, am 27. d. M., um 1/29 Uhr vormittags, verbreitete sich hier das schreckliche Gerücht, daß eine große Schar von Räubern die unreifen Getreidefelder im Valois zwischen Verberie und Crépy abmähte; durch die Rundbriefe mehrerer Bürgermeister schien es sich zu bestätigen. Diese unerhörte Ruchlosigkeit ... führte dazu, daß sich innerhalb weniger Stunden in Verberie 6000 bewaffnete Menschen zusammenfanden, darunter Frauen aus der Bürgerwehr und Kavallerieabteilungen aus Pont, Compiègne, Senlis und Crépy. Glücklicherweise war es nur ein falscher Alarm, der auf den Streit von 12 Bauern zurückging, die sich in einem Kornfeld gerauft und die Arbeiter auf den Feldern so erschreckt hatten, daß sie in allen Gemeinden der Umgegend die Sturmglocken hatten läuten lassen. Durch ihre Verzweiflung erweckten sie einen derartigen Schrecken, daß die unglücklichen Bauern ihre Hütten eilends verließen und von allen Seiten in die benachbarten Städte flüchteten.

Journal de Paris, Nr. 211, 30. Juli 1789. Abgedruckt bei A. Soboul, a. a. O., S. 193

---

[54] Die Gärten des Palais Royal – Eigentum des Herzogs von Orléans, der der Polizei den Zutritt versagte – waren im Juli 1789 Treffpunkt der revolutionären Kräfte. Hier wurden öffentliche Reden gehalten und Losungen ausgegeben.

[55] In der zweiten Julihälfte brachen in ganz Frankreich Bauernunruhen aus, „Große Furcht" genannt. Wie im vorliegenden Fall war der Anlaß meist falscher Alarm, begründet durch die Furcht vor einem „Adelskomplott". Spontan bewaffneten sich die Bauern und rotteten sich zusammen. Dann wandten sie sich gegen die Schlösser der adligen Grundherren, verbrannten die Lehnsurkunden und verweigerten die Abgaben.

[56] Zeitung, in der sich die Mehrheit der gemäßigten Abgeordneten äußerte.

Abb. 7. Die große Furcht. Anonymer Stich 1789. In der 2. Julihälfte 1789 brachen in ganz Frankreich Bauernunruhen gegen die adligen Grundherren aus. Schlösser wurden niedergebrannt. Der Adel floh, großenteils in die Emigration.

Für und wider eine Erklärung der Menschenrechte[57]**.** Antworten von Mitgliedern der Nationalversammlung auf die Frage: Ist eine Erklärung der Menschenrechte nötig oder nicht? in der Sitzung am 1.8.1789 **30**

Target[58]: Die Rechte des Menschen sind nicht hinlänglich bekannt, man muß sie bekanntmachen. Ich glaube, daß diese Kenntnis, weit davon entfernt, gefährlich zu sein, nur nützlich wirken kann. Hätten unsere Vorfahren getan, was wir tun wollen, wären sie so unterrichtet, wie wir es sind, hätten positive Artikel dem Despotismus unüberschreitbare Schranken gezogen, so wären wir nicht dahin gekommen, wo wir sind. Dadurch daß wir die Erklärung der Menschenrechte in Erz graben, müssen wir die Fehler unserer Verfassung heilen und die Nachwelt vor ihrer Wiederkehr bewahren.

Graf Castellane[59]: Blicken Sie doch auf die Oberfläche unseres Erdballes, und Sie werden mit mir erbeben, wenn Sie sehen, wie wenige Nationen kei-

[57] Nachdem ein Verfassungsausschuß gegründet worden war, wurde am 9. Juli die Notwendigkeit einer Erklärung der Menschenrechte in der Nationalversammlung zur Debatte gestellt. Es herrschte keine Einmütigkeit. 20 verschiedene Vorschläge wurden eingebracht. Am 4. August entschied die Nationalversammlung positiv.

[58] Rechtsanwalt, Abgeordneter des 3. Standes, spielte eine maßgebliche Rolle bei der Ausarbeitung der Verfassung.

[59] Liberaler Adliger.

neswegs den Vollumfang ihrer Rechte, sondern nur einige Ideen, einige Reste ihrer Freiheit bewahrt haben. Ohne hinweisen zu müssen auf ganz Asien und auch nicht auf die unglücklichen Afrikaner, die auf den westindischen Inseln eine viel härtere Sklaverei erdulden müssen als in ihrer eigenen Heimat, ohne, sage ich, aus Europa hinauszugehen, sehen wir da nicht ganze Völker, die sich als das Eigentum einiger Herren betrachten, sehen wir nicht, daß sie fast sämtlich sich einbilden, sie seien Gesetzen Gehorsam schuldig, die von Despoten gemacht sind, denen diese selbst sich aber nicht unterwerfen? Selbst in England, dieser berühmten Insel, die das heilige Feuer der Freiheit aufbewahrt zu haben scheint, gibt es da nicht Mißbräuche, die verschwinden würden, wenn die Menschenrechte besser bekannt wären?

Malouet[60]: Zur Zeit ist die Regierung Frankreichs ohne Kraft und ohne Mittel, die Autorität ist erniedrigt, die Gerichte sind außer Tätigkeit; in Bewegung ist nur das Volk. Die Erhebung der Steuern hat aufgehört, alle Ausgaben steigen, alle Einnahmen sinken; alle lästigen Verpflichtungen erscheinen ungerecht. Unter solchen Umständen kann eine ausdrückliche Erklärung der allgemeinen und unbedingten Grundsätze der natürlichen Freiheit und Gleichheit dahin führen, daß die notwendigen Bande zerrissen werden. ...

Archives parlementaires VIII, S. 317 ff.

31 **Weg mit den Privilegien!** Erklärungen der Nationalversammlung in der Sitzung vom 4.8.1789[61]

Der Vicomte de Noailles: Was haben die Landgemeinden zuallererst verlangt und erwartet? Abschaffung des Steuerdrucks, Erleichterung oder Umwandlung der grundherrlichen Rechte. Das hat ihnen die Versammlung drei Monate lang vorenthalten, und nun haben sie es mit bewaffneter Hand sich selbst genommen. Will die Versammlung verhindern, daß in dieser zügellosen Selbsthilfe der ganze Staat zugrunde geht, so muß sie einem Veto, wie es der Ausschuß beantragt hat, vorangehen lassen den Beschluß, daß künftig die Steuerpflicht gleich und allgemein verbindlich wird, daß alle grundherrlichen Rechte ablösbar, alle Fronpflichten aber, alle Leibeigenschaft und persönliche Unfreiheit ohne Entgelt abgeschafft werden.

Der Herzog von Aiguillon: ... Es sind nicht bloß Straßenräuber, die mit bewaffneter Hand im Schoß des Unglücks sich bereichern wollen; in mehreren

---

[60] Abgeordneter des Dritten Standes, jedoch Monarchist, emigrierte nach dem 10. August 1792.

[61] Angesichts der vorausgegangenen Bauernunruhen kann das, was in der Nacht vom 4. August geschah, schwerlich als „sentimentaler Rausch des Selbstverzichts" dargestellt werden. Vielmehr ist darin die Einsicht einiger liberaler Adliger in die Erfordernisse des Augenblicks zu sehen. Die Sitzung war gut vorbereitet. Noailles, ein Adliger ohne Grundbesitz, eröffnete die Sitzung, unterstützt von Aiguillon, einem der größten Grundbesitzer. Le Guen de Kerangall, ein bretonischer Grundbesitzer, sprach für den Dritten Stand.

Provinzen bildet das ganze Volk eine Art von Liga, um die Schlösser zu zerstören, die Ländereien zu verwüsten und namentlich sich der Urkundenkammern zu bemächtigen, in denen die feudalen Eigentumstitel aufbewahrt werden. Es sucht ein Joch abzuschütteln, das auf ihm seit so vielen Jahrhunderten lastet, und dieser Aufruhr – wie strafbar immer, gleich jedem bewaffneten Angriff – kann seine Entschuldigung in den voraufgegangenen Quälereien finden. Die Eigentümer der Lehen, die Grundherrschaften sind nur selten schuld an den Ausschreitungen, über die die Hintersassen klagen, aber ihre Verwalter sind meist ohne Mitleid, und der unglückliche Bauer seufzt unter dem Druck des barbarischen Restes der feudalen Rechte, die in Frankreich noch bestehen...

Le Guen de Kerangall: ...Seien wir gerecht; man bringe uns die Urkunden her, die nicht bloß die Scham, sondern die Menschlichkeit selbst beleidigen. Man bringe sie her, die Urkunden, die das Menschengeschlecht erniedrigen, indem sie fordern, daß menschliche Wesen an einen Karren gespannt werden wie die Ackertiere. Man bringe diese Urkunden her, die die Menschen zwingen, nachts auf die Teiche zu schlagen, damit die Frösche die wollüstigen Herren nicht im Schlafe stören. Wer von uns möchte nicht in diesem Jahrhundert der Aufklärung einen Scheiterhaufen der Sühne errichten aus diesen infamen Pergamenten und den Feuerbrand anlegen, um sie auf dem Altar des öffentlichen Wohls zu opfern? Sie werden, meine Herren, das erregte Frankreich nicht eher zur Ruhe bringen, als bis sie dem Volke versprochen haben, daß Sie alle Feudalrechte irgendwelcher Art in jederzeit ablösbare Geldleistungen verwandeln wollen und daß die Gesetze, die Sie schaffen wollen, bis auf die letzten Reste alles vernichten sollen, worüber es sich beklagt. Sagen Sie ihm, daß Sie die Ungerechtigkeit dieser Rechte, die in Zeiten der Unwissenheit und der Finsternis erworben worden sind, anerkennen. Dem Frieden zum Heil, beeilen Sie sich, Frankreich diese Versprechen zu geben; ein allgemeiner Schrei erhebt sich; Sie haben keinen Augenblick mehr zu verlieren; jeder Tag Aufschub verursacht neue Brände. ... Wollen Sie erst einem verwüsteten Frankreich Gesetze geben?

In der Nachtsitzung vom 4. zum 5. August 1789, nach diesen und zahlreichen ähnlichen Erklärungen, faßte die Nationalversammlung die folgenden Beschlüsse:

Abschaffung der Leibeigenschaft und der Toten Hand in jeglicher Gestalt – Käufliche Ablösung der Grundherrenrechte – Abschaffung der grundherrlichen Gerichtsbarkeit – Unterdrückung des ausschließlichen Jagdrechtes, der Taubenhäuser und Kaninchengehege – Umwandlung der Zehnten in Geld – Abkäuflichkeit der Zehnten – Abschaffung aller Geldvorrechte und Steuerbefreiungen – Gleichheit der Steuerpflicht vom Anfang des Jahres 1789 an – Zulassung aller Bürger zu Ämtern im Staat und Heer – Unentgeltlichkeit der Rechtspflege und Abschaffung der Käuflichkeit der Ämter – Aufhebung von

Abb. 8. Es lebe die Freiheit! Naive zeitgenössische Zeichnung, wie sie um die Föderationsfeste entstanden sind. Eine Gruppe von Bürgern mit einem Nationalgardisten tanzt einen Reigen um das Symbol von Freiheit und Einheit. Die Ketten versinnbildlichen zerbrochene Knechtschaft. Im Hintergrund wird die Bastille abgetragen.

Sondervorrechten der Provinzen und Städte, Paris, Lyon, Bordeaux usw. – Abschaffung der Annaten und der Pfründenhäufung – Abschaffung der ohne Recht erlangten Pensionen – Umbildung der Zünfte.

Archives parlementaires VIII, S. 345 ff.

32 Allgemeine Begeisterung in Frankreich nach dem 4./5. August 1789

Bei der Nachricht vom 4. August hat alsbald freudige Trunkenheit alle Herzen erfüllt; man beglückwünschte sich gegenseitig; begeistert nannte man unsere Abgeordneten „Väter des Vaterlandes". Es schien, als werde eine neue Sonne über Frankreich leuchten. Wenn man auch von der Nationalversammlung alle Güter der Weisheit erwartet hatte, so schien es doch so, als habe man von ihr eine unerhoffte Wohltat empfangen.
Auf fast allen großen Straßen bildeten sich Gruppen von Menschen. Nahe allen Brückenübergängen erwartete man die Passanten, um ihnen das anzukündigen, was sie vielleicht erst am nächsten Tage erfahren hätten. Man wollte gern seine Freude mit anderen teilen und sie verbreiten. Überall herrschte die Brüderlichkeit, die schöne Brüderlichkeit ... Ja, es gibt Augenblicke in dem Leben der Völker wie in dem der Menschen, die Jahre des Schmerzes und des Elends vergessen lassen.

Révolutions de Paris[62], N° 4. Vgl. R. Rémond, La Vie politique en France depuis 1789. Paris 1965, Band I, S. 96

---

[62] Vgl. Anm. 51.

König Ludwig XVI. lehnt den Verzicht auf die Privilegien ab. Brief Ludwigs XVI. an den Erzbischof von Arles, nach der Sitzung der Nationalversammlung vom 4./5. August 1789 **33**

Ich bin mit diesem edlen und großmütigen Schritt der beiden ersten Klassen des Staates zufrieden. Sie haben der allgemeinen Verständigung, ihrem Vaterlande, dem König bedeutende Opfer gebracht... Das Opfer ist schön, aber ich kann es nur bewundern; ich werde nie darein willigen, meine Geistlichkeit, meinen Adel um ihr Vermögen zu bringen... Ich werde meine Zustimmung Dekreten verweigern, welche sie berauben würden; sonst würde mich einst das französische Volk der Ungerechtigkeit oder der Schwäche bezichtigen können.
Herr Erzbischof, Sie unterwerfen sich den Dekreten der Vorsehung; ich glaube, mich denselben dadurch zu unterwerfen, daß ich mich diesem Enthusiasmus, der alle Klassen der Gesellschaft ergriffen hat, der aber nur an meiner Seele vorüberstreift, nicht überlasse. Ich werde alles, was nur in meinen Kräften steht, aufbieten, um meinen Klerus, meinen Adel aufrechtzuerhalten... Wenn mich Gewalt nötigte, meine Zustimmung zu geben, dann würde ich nachgeben, aber dann würde es auch in Frankreich weder eine Monarchie noch einen Monarchen mehr geben... Die Zeiten sind ernst, ich weiß es, Hochwürden, und vom Himmel bedürfen wir der Erleuchtung. Geruhen Sie, diese zu erflehen; wir werden erhört werden.

Histoire parlementaire II, S. 248 f.

Die Erklärung der Menschen- und Bürgerrechte durch die Nationalversammlung am 26. August 1789[63] **34**

In der Überzeugung, daß die Unkenntnis, das Vergessen oder die Verachtung der Menschenrechte die alleinigen Ursachen der öffentlichen Mißstände und der Verderbtheit der Regierungen sind, haben die in der Nationalversammlung vereinigten Vertreter des französischen Volkes beschlossen, in einer feierlichen Erklärung die natürlichen, unveräußerlichen und geheiligten Menschenrechte darzulegen, damit diese Erklärung allen Mitgliedern des gesellschaftlichen Verbandes beständig vor Augen ist und sie ohne Unterlaß an ihre Rechte und Pflichten erinnert werden; damit die Handlungen der gesetzgebenden wie auch der ausübenden Macht in jedem Augenblick mit dem Zweck jeglicher politischen Einrichtung verglichen werden können und dadurch mehr geachtet werden; damit die Ansprüche der Bürger, von nun an auf einfache und unbestreitbare Grundsätze gegründet, sich immer auf die Erhaltung der Verfassung und das Wohl aller richten mögen.

[63] Diese Erklärung wurde zur Präambel der neuen, 1791 fertiggestellten Verfassung. Allerdings sollte die Verfassung von 1791 in entscheidenden Punkten hinter die Prinzipienerklärung von 1789 zurückfallen (vgl. Art. 6 der Erklärung der Menschenrechte und Kap. I, Abschnitt II, Art. 2 der Verfassung: Q 41). Art. 11 der Erklärung enthält schon die Möglichkeit der Einschränkung der Pressefreiheit und stieß sofort auf Protest bei der Linken.

Abb. 9. Aus der Einheit die Freiheit. Anonymer zeitgenössischer Stich. Er symbolisiert die Nationalversammlung. Gekreuzt und vereint sind: der Krummstab des Klerus, der Degen des Adels, die Sense des Bauern und der Lorbeer für die Intelligenz. In der Mitte das königliche Szepter, gekrönt von der Mütze, die 1789 Symbol der Gleichheit (alle unter einem Hut) und der Freiheit (Kopfbedeckung des befreiten Sklaven im Altertum) war. Später wurde sie zum Symbol der Sansculotten.

Infolgedessen erkennt und verkündet die Nationalversammlung in Gegenwart und unter dem Schutze des Allerhöchsten die folgenden Menschen- und Bürgerrechte:

1. Die Menschen werden frei und gleich an Rechten geboren und bleiben es. Die gesellschaftlichen Unterschiede können nur auf dem allgemeinen Nutzen begründet werden.

2. Der Zweck jeder staatlichen Vereinigung ist die Erhaltung der natürlichen und unverjährbaren Menschenrechte. Diese Rechte sind Freiheit, Eigentum, Sicherheit und Widerstand gegen Unterdrückung.

3. Der Ursprung jeder Herrschaft liegt wesensmäßig beim Volke; keine Körperschaft, kein einzelner kann Herrschaft ausüben, die nicht ausdrücklich von ihm ausgeht.

4. Die Freiheit besteht darin, alles tun zu können, was einem anderen nicht schadet; also hat die Ausübung der natürlichen Rechte eines jeden Menschen keine anderen Grenzen als jene, die den anderen Mitgliedern der Gesell-

schaft den Genuß dieser gleichen Rechte sichern. Diese Grenzen können allein durch das Gesetz bestimmt werden.
5. Das Gesetz darf nur die Handlungen verbieten, die der Gesellschaft schaden. Nur das, was das Gesetz verbietet, kann untersagt werden, und niemand kann zu einer Handlung gezwungen werden, die das Gesetz nicht gebietet.
6. Das Gesetz ist der Ausdruck des allgemeinen Willens. Alle Bürger haben das Recht, an seiner Gestaltung persönlich oder durch ihre Vertreter mitzuwirken. Es soll für alle Bürger das gleiche sein, es mag beschützen oder bestrafen. Da alle Bürger vor dem Gesetz gleich sind, so sind sie auch alle in der gleichen Weise zu allen Ehrenämtern, öffentlichen Stellungen und Beschäftigungen gemäß ihren Fähigkeiten zugelassen, ohne einen anderen Unterschied als den ihrer Kräfte und Geistesgaben.
7. Niemand darf außer in den durch das Gesetz bestimmten Fällen angeklagt, verhaftet oder gefangengehalten werden, und nur nach den Formen, die es vorgeschrieben hat. Wer willkürliche Anordnungen empfiehlt, erläßt, ausführt oder ausführen läßt, soll bestraft werden; aber jeder Bürger, der kraft des Gesetzes vorgeladen oder festgenommen wird, muß sofort gehorchen; durch Widerstand macht er sich strafbar.
8. Das Gesetz darf nur Strafen festsetzen, die unbedingt und offenbar notwendig sind, und man kann nur bestraft werden auf Grund eines Gesetzes, das vor der Straftat festgelegt und verkündet war und gesetzmäßig angewendet wurde.
9. Da jeder Mensch so lange für unschuldig gehalten wird, bis er für schuldig erklärt worden ist, soll, wenn seine Verhaftung für unumgänglich erachtet wird, jede Härte, die nicht notwendig wäre, um sich seiner Person zu versichern, durch das Gesetz streng unterbunden werden.
10. Niemand darf wegen seiner Ansichten, selbst nicht der religiösen, bedrängt werden, vorausgesetzt, daß ihre Äußerung nicht die durch das Gesetz festgelegte öffentliche Ordnung stört.
11. Die freie Mitteilung der Gedanken und Ansichten ist eines der kostbarsten Menschenrechte; daher kann jeder Bürger frei sprechen, schreiben, drucken, mit dem Vorbehalt, daß er verantwortlich ist für den Mißbrauch dieser Freiheit in den von dem Gesetz festgelegten Fällen.
12. Die Sicherung der Menschen- und Bürgerrechte erfordert eine öffentliche Gewalt; diese Gewalt ist also zum Vorteil aller eingesetzt und nicht zum besonderen Nutzen derer, denen sie anvertraut ist.
13. Für die Unterhaltung der öffentlichen Gewalt und für die Verwaltungsausgaben ist eine allgemeine Abgabe unerläßlich; sie muß gleichmäßig auf alle Bürger gemäß ihrem Vermögen verteilt werden.
14. Alle Bürger haben das Recht, selbst oder durch ihre Vertreter die Notwendigkeit der öffentlichen Abgaben festzustellen, sie frei zu bewilligen, ihre Verwendung zu überwachen und ihre Höhe, ihre Veranlagung, ihre Einziehung und ihre Dauer zu bestimmen.
15. Die Gesellschaft hat das Recht, von jedem Staatsbeamten Rechenschaft über seine Amtsführung zu verlangen.

16. Eine Gesellschaft, in der die Garantie der Rechte nicht gesichert und die Teilung der Gewalten nicht festgelegt ist, hat keine Verfassung.
17. Da das Eigentum ein unverletzliches und geheiligtes Recht ist, kann es niemandem genommen werden, wenn nicht die öffentliche, gesetzlich festgestellte Notwendigkeit es klar erfordert und unter der Bedingung einer gerechten und vorherigen Entschädigung.

Les Constitutions de la France depuis 1789. Einleitung von J. Goderhot. Paris 1979, S. 33ff.

IV. Gesellschaftliche Neuordnung in der konstitutionellen Monarchie

Bis zum Juli 1790 datieren einige Historiker das „glückliche Jahr" der Revolution: Der König war von der Volksbewegung am 5./6. Oktober 1789 nach Paris zurückgeholt worden – er schien mit der Revolution seinen Frieden geschlossen zu haben. Ein Gefühl der nationalen Einheit durchzog das Land und gipfelte in den Förderationsfesten im Juli 1790, in denen ein Zeremoniell des Treueeids alle Bürger um das Ereignis der Revolution einte.
Andere Historiker haben dagegengehalten, daß diese Einmütigkeit eine Illusion gewesen sei. Was den König angeht, so hatte er sich nur scheinbar mit der Revolution abgefunden; insgeheim aber suchte er nach Mitteln, die revolutionären Ereignisse rückgängig zu machen. Zugleich formierte sich die Gegenrevolution in Verbindung mit dem Ausland, und es kam zu gegenrevolutionären Aufständen in den Provinzen.
In der Nationalversammlung bildeten sich Gruppen heraus, die Richtungskämpfe austrugen. Diese setzten sich in der Presse fort. Auch die politischen Klubs bildeten einen festen Bestandteil des politischen Lebens, in erster Linie der Klub der Jakobiner. Eine erste Gruppe von Vertretern der konstitutionellen Monarchie („monarchiens") legte bald aus Protest ihr Mandat in der Nationalversammlung nieder und überließ das Feld den gemäßigten Konstitutionalisten, denen eine Minderheit von Demokraten gegenüberstand. Der Mehrheit ging es darum, die Revolution möglichst rasch zu beenden. Die Minderheit hielt die Revolution für noch nicht abgeschlossen. Die Volksmassen erhoben immer wieder revolutionäre Forderungen, die über die Vorstellungen der Mehrheit in der Nationalversammlung hinausgingen.
Das Werk der Konstituante, insbesondere die Verfassung der konstitutionellen Monarchie, war darum auch nicht unumstritten. Die Verfassung garantierte allen Bürgern Freiheit und Gleichheit vor dem Gesetz. Tatsächlich aber führte sie zu der Unterscheidung von Aktiv- und Passivbürgern, solchen, die wählen durften, weil sie einen bestimmen Besitzstand nachweisen konnten, und solchen, die kein Wahlrecht hatten, weil sie besitzlos waren. An diesem Zensuswahlrecht schieden sich die Meinungen in der Konstituante, wie sie sich auch in der Frage der Gleichheit in den Kolonien schieden, wo die Mehrheit nicht bereit war, den Mulatten – und schon garnicht den Negersklaven – gleiche Rechte zuzugestehen.
Die große Leistung der Versammlung war zweifellos die Einführung der Meinungs- und Gewissensfreiheit. Das ermöglichte die gleichberechtigte Aufnahme der Protestanten und vor allem der Juden in die nationale Gemeinschaft.
Das Reformwerk der Verfassung enthielt aber auch den Keim zu neuen Konflikten. Die revolutionäre Kirchenpolitik, die in die Zivilverfassung des Klerus mündete, sollte einen Teil der katholischen Bevölkerung an die Gegenrevolution binden und mit zum Bürgerkrieg beitragen. Mit dem Einzug und der Veräußerung der Kirchengüter, die zur Deckung der Staatsschulden dienen sollten, wurde der Grundstein zu einer Umverteilung des Eigentums gelegt. Aber die daran geknüpfte Schaffung der Assignaten, die schnell als Papiergeld gehandhabt wurden, brachte die Inflation ins Rollen, die die Lohnarbeiter noch ärmer machte.

Das Werk der Konstituante mußte so in erster Linie die Besitzbürger befriedigen, die sich auch zunehmend gegen eine unbotmäßige Volksbewegung zur Wehr setzten. Die Nationalgarde diente in dieser Phase zur Verteidigung der Ordnung gegen Forderungen von unten. Als die Pariser Nationalgarde unter Lafayette am 17. Juni 1791 eine Demonstration auf dem Marsfeld, die nach dem gescheiterten Fluchtversuch des Königs die Republik forderte, im Blut erstickte, war der Schleier der Einmütigkeit der revolutionären Nation definitiv zerrissen.

35 Jean-Paul Marat[64] über die Stimmung vor dem Marsch der Frauen aus Paris auf Versailles, 5./6. Oktober 1789

Heute am Mittwoch dem 16. September machen sich erneut die Schrecken der Hungersnot bemerkbar; die Bäckerläden werden umdrängt, dem Volk fehlt es an Brot; inmitten des Überflusses sind wir dabei, vor Hunger zu sterben. Kann man daran zweifeln, daß wir von Verrätern umringt sind, die danach trachten, uns zugrunde zu richten? Verdanken wir etwa dieses Elend dem Wüten der Staatsfeinde, der Habsucht der monopolistischen Handelsherren, der Unerfahrenheit oder der Untreue der Beamten?

L'Ami du peuple, Nr. 2

36 Talleyrand[65] schlägt der Nationalversammlung die Konfiszierung der Kirchengüter vor, 10. Oktober 1789

Der Bischof von Autun Talleyrand entwirft ein Bild der gegenwärtigen finanziellen Bedürfnisse des Staates und zugleich auch der Veränderungen, die durch einen Neuaufbau erforderlich werden; er überprüft die verwendeten und die vorgeschlagenen Mittel. Da er dabei deren Unzulänglichkeit zur Wiederherstellung der finanziellen Ordnung und des Ansehens des Königreiches erkennt, bemüht er sich darum, andere Mittel zu entdecken. Nach seiner Darstellung gibt es ein Mittel von unermeßlicher Größe, bei dem die Achtung vor dem Eigentum nicht angetastet wird; es besteht aus den Besitztümern der Kirche...

Die Nation kann also erstens sich die Güter der aufzulösenden religiösen Gemeinschaften aneignen, während sie den Lebensunterhalt der einstigen Mitglieder sicherstellt; zweitens kann sie sich der funktionslosen Pfründen

---

[64] 1744–1793, Arzt und Naturwissenschaftler, Schriftsteller, lebte 1765–1776 in England. Am 12. September 1789 erschien die erste Nummer einer von ihm allein herausgegebenen Zeitung „L'Ami du peuple". Als Konventsmitglied vertrat er die Interessen der breiten Volksmassen gegen die Aristokraten sowie gegen die Besitzenden. Wegen des aufrührerischen Inhalts seiner Zeitung wurde er mehrfach verfolgt, druckte aber im Versteck weiter, zuerst nach dem 5. Oktober 1789 (s. Zeittafel). Am 13. Juli 1793 wurde er ermordet (vgl. Q 67).

[65] Charles Maurice de Talleyrand, Bischof von Autun, 1754–1838, Mitglied der Nationalversammlung, 1791–1796 im Ausland, am Staatsstreich Napoleons 1799 beteiligt, Außenminister unter dem Direktorium 1797–1799, unter Napoleon 1799–1807, Vertreter Frankreichs auf dem Wiener Kongreß 1814–1815.

Abb. 10. Arbeit auf dem Marsfeld. Ein zeitgenössischer Stich 1790. Am 1. Jahrestag des Sturms auf die Bastille wurden in ganz Frankreich feierliche Föderationsfeste veranstaltet. In Paris wurde auf dem Marsfeld ein Stadion gebaut, in dem die Nationalgarde vor dem König aufmarschieren sollte und alle Teilnehmer gemeinsam einen Treueeid leisten sollten. Die Arbeit an diesem Stadion, an der alle Schichten der Bevölkerung teilnahmen, wurde als Fest der Brüderlichkeit empfunden.

bemächtigen; drittens kann sie in beliebigem Ausmaß die gegenwärtigen Einkommen der Amtsinhaber herabsetzen...[66]

Histoire parlementaire VI, S. 156

Maximilien Robespierre[67]: Das königliche Veto – ein Ungeheuer[68]. **37**
Aus einer Rede Robespierres, die Ende 1789 als Flugschrift verbreitet wurde

---

[66] Am 2. November 1789 beschloß die Nationalversammlung nach harten Debatten die Einziehung des auf 3 bis 4 Milliarden geschätzten Kirchenvermögens (s. Zeittafel) zur Rettung aus der Finanzkrise des Staates. – Die Kosten für den Kultus und den Unterhalt der Geistlichen wollte dafür der Staat übernehmen. Der niedere Klerus schnitt dabei gut ab, seine Bezüge erhöhten sich. – Am 12. Juli 1790 verfügte ein weiteres kirchenpolitisches Dekret die Zivilverfassung des Klerus, die den Geistlichen den Eid auf die Verfassung abverlangte.

[67] 1758–1794, Rechtsanwalt, Mitglied der Nationalversammlung, führend im Jakobinerklub und in der Pariser Kommune nach dem 10. August 1792, im Nationalkonvent Gegner der Gironde. Er trat am 26. Juli 1793 in den Wohlfahrtsausschuß ein, einer der Verantwortlichen der „Schreckensherrschaft"; am 9. Thermidor des Jahres II (27. Juli 1794) gestürzt, am 28. Juli hingerichtet. – Von Gegnern und späteren Historikern häufig als blutrünstiger Tyrann dargestellt, war er seit Juli 1789 konsequenter Verfechter des Gleichheitsprinzips, stützte sich auf die Volksmassen und versuchte, einen politischen und sozialen Kompromiß zwischen der Volksbewegung und den Besitzenden durchzusetzen. Als er die Volksmassen nicht mehr mobilisieren konnte, wurde er von seinen Gegnern gestürzt.

[68] Die Diskussion um das königliche Veto entzündete sich im Rahmen der Verfassungsdebatte. Es schieden sich Befürworter eines absoluten Vetos (Monarchisten) von den Patrioten, die ein „aufschiebendes Veto" mehrheitlich durchsetzten. Robespierre lehnte jede Art von Veto ab. Zu denken gegeben hatte die Weigerung des Königs, die Dekrete vom 5.–11. August 1789 sowie die Erklärung der Menschenrechte zu bestätigen.

... Wer da sagt, ein Mensch habe das Recht, sich dem Gesetz zu widersetzen, der sagt, der Wille eines einzelnen stehe über dem Willen aller. Er sagt, die Nation ist nichts, ein einzelner Mensch ist alles. Fügt er hinzu, daß dies Recht dem gehört, der mit der vollziehenden Gewalt bekleidet ist, so sagt er, der Mann, den die Nation eingesetzt hat, um die Willensäußerungen der Nation zu vollstrecken, habe das Recht, eben diese Willensäußerungen der Nation zu vereiteln und in Ketten zu legen; er schafft ein Ungeheuer, das moralisch und praktisch gleich unfaßbar ist, und dies Ungeheuer ist nichts anderes als das königliche Veto.

Archives parlementaires VIII, S. 547 ff.

38 **Camille Desmoulins[69] über den Jakobinerklub[70]** am 14. Februar 1791

Bei der Verbreitung des Patriotismus, d. h. der Menschenliebe, jener neuen Religion, die die Welt bald erobern wird, scheint der Klub oder auch die Kirche der Jakobiner zu der gleichen führenden Rolle berufen zu sein wie die Kirche von Rom bei der Verbreitung des Christentums. Schon erbitten alle Klubs, Versammlungen oder Kirchen der Patrioten, die sich überall bilden, bei ihrer Entstehung Gedankenaustausch mit ihm und schreiben ihm im Zeichen der Gemeinschaft... Die Gesellschaft der Jakobiner ist das wahre Nationalkomitee für Nachforschungen; für die guten Bürger ist es weniger gefährlich als das der Nationalversammlung, weil hier die Anzeigen und Beratungen öffentlich sind; für die bösen Bürger ist es erschrecklicher, weil der Klub in seiner Korrespondenz mit den angeschlossenen Gesellschaften alle Ecken und Winkel der 83 Departemente erfaßt. Er ist nicht nur der große Inquisitor, der die Aristokraten in Schrecken versetzt; er ist auch die große Macht, die alle Mißbräuche wiedergutmacht und allen Bürgern zu Hilfe kommt. In der Tat sieht es so aus, als ob der Klub bei der Nationalversammlung die Funktion eines Staatsministers ausübt. In seinen Schoß werden von allen Seiten die Klagen der Unterdrückten niedergelegt, ehe sie der erhabenen Versammlung vorgelegt werden. In den Saal der Jakobiner strömen un-

[69] 1760–1794, Rechtsanwalt, rief zum Sturm auf die Bastille auf, Konventsmitglied, bekämpfte die Girondisten, wurde 1794 mit Danton als „Nachsichtiger" hingerichtet. Seine Zeitung, von ihm allein verfaßt, gehörte zu Beginn der Revolution ins linksextreme Spektrum.

[70] Hervorgegangen aus dem „Bretonischen Klub", in dem sich in Versailles die patriotischen Abgeordneten berieten. Nach dem Umzug der Nationalversammlung nach Paris tagte der Klub in dem Dominikanerkloster Sankt Jakob und änderte seinen Namen in „Gesellschaft der Verfassungsfreunde", nach dem Tagungsort jedoch Jakobinerklub benannt. Mitglieder waren zunächst nur Abgeordnete, dann auch Aktivbürger. Am 16. Juli 1791 spaltete sich der Klub ein erstes Mal, als die Feuillants (vgl. Anm. 108), die an der Macht festhalten wollten, sich von ihm trennten. Seit Juli 1791 spielte Robespierre eine führende Rolle im Jakobinerklub, wobei er von Brissot und dessen Freunden, den „Girondisten" (vgl. Anm. 79 u. 107), heftig befehdet wurde. Nach dem 10. August 1792 spaltete sich der Jakobinerklub ein zweites Mal indem er die Brissot-Fraktion, die Gironde, ausschloß. Der Klub hatte sich inzwischen demokratisiert. Nach dem 9. Thermidor wurde er verboten.

aufhörlich Deputationen, um ihnen zu danken, ihre Unterstützung zu erbitten, ihre Wachsamkeit zu wecken oder um Wiedergutmachung von Unrecht zu bitten.

Les Révolutions de France et de Brabant, 14. Februar 1791

Maximilien Robespierre[71] **gegen die Einschränkung des Wahlrechts,** 1791 **39**

Ihr redet von Pöbel und Bestechung. Ach, hört damit auf, den rührenden und geheiligten Namen ‚peuple' zu schänden, indem ihr ihn mit dem Begriff Bestechung in Verbindung bringt! Wer wagt es unter gleichberechtigten Menschen, seinen Nächsten der Ausübung der Rechte, die ihm zukommen, für unwürdig zu erklären, um ihn zu eigenem Vorteil auszuplündern? Und wenn ihr euch auf die Annahme der Bestechlichkeit hin eine solche Verurteilung gestattet, welch schreckliche Gewalt maßt ihr euch dann über die Menschheit an! Wo werden dann eure Ächtungen eine Grenze finden? Müssen diese denn durchaus auf die fallen, die die Mark in Silber[72] nicht zahlen, und nicht eher auf die, die viel mehr zahlen? Ja, zum Trotz all euren Vorurteilen zugunsten von Tugenden, die der Reichtum verleihen soll, wage ich zu glauben, daß ihr solche Tugenden mehr findet bei den minder wohlhabenden Bürgern als bei den Reichen. Glaubt ihr im Ernst, daß ein hartes, arbeitsames Leben mehr Laster erzeugt als Weichlichkeit, Luxus und Ehrgeiz? Habt ihr weniger Vertrauen zu der Rechtschaffenheit unserer Handwerker und Bauern, die nach eurem Tarif fast niemals Aktivbürger sein werden, als zu der der Steuerpächter, der Höflinge und der großen Herren, wie ihr sie nennt, die nach dem nämlichen Tarif das 600mal mehr sein müßten? Ein für allemal will ich die, die ihr ‚peuple' nennt, für so ruchlose Verleumdungen rächen. Seid ihr denn fähig, das Volk zu würdigen und die Menschen zu erkennen, die ihr, seit ihr denken gelernt habt, nur urteilt nach den abgeschmackten Vorurteilen des Despotismus und des feudalen Dünkels? Ihr, die ihr, gewöhnt an das absonderliche Kauderwelsch, das er erfunden, es sehr einfach gefunden habt, den größten Teil der Menschheit zu entadeln durch die Worte ‚canaille-populace' (Kanaille-Pöbel), die ihr der Welt offenbart habt, daß es Leute ‚sans naissance' gibt, als ob nicht alles, was lebt, geboren sein müsse; ‚des gens de rien' hießen auch Leute, die Verdienst hatten; und ‚d'honnêtes gens, des gens

[71] Vgl. Anm. 67.

[72] Etwa 52 livres (= Pfund). Am 22. Dezember 1789 hatte die Nationalversammlung im Widerspruch zu der Erklärung der Menschenrechte (s. Q 34 Abs. 6) ein Wahlrechtsgesetz verabschiedet, das die Bürger in drei Klassen teilte – ein Zensus- oder Steuerklassenwahlrecht. „Passivbürger": Wer über kein Eigentum verfügte, konnte weder wählen noch gewählt werden. „Aktivbürger": Wer Steuern in Höhe von mindestens drei Tagelöhnen zahlte, durfte wählen, bzw. die Wahlmänner in Urwählerversammlungen bestimmen. Wählbar – als Wahlmann – war man erst ab einer Steuer in Höhe von zehn Tagelöhnen. Als Abgeordneter mußte man Grundbesitzer sein, bzw. eine Steuer von mindestens 1 Mark Silber zahlen. Die demokratische Linke bekämpfte dieses Gesetz, das die Vorherrschaft einer „Geldaristokratie" in der Gesetzgebenden Versammlung herbeiführte.

comme il faut' die niedrigsten und verderbtesten aller Menschen! Aber freilich euch kann man verzeihen, daß ihr dem ‚peuple' nicht das Recht widerfahren laßt, das ihm gebührt. Ich aber rufe alle, die der Trieb einer edlen und empfindsamen Seele mit ihm in Verbindung gebracht und würdig gemacht hat, die Gleichheit zu kennen und zu lieben, als meine Zeugen für die Wahrheit auf, daß das Volk, wenn es nicht durch ein Übermaß an Unterdrückung erbittert wird, im allgemeinen die Gerechtigkeit und Güte selber ist; daß es dankbar ist für die kleinsten Rücksichten, die man ihm bezeigt, für die kleinste Guttat, die man ihm erweist, ja für das Leid selbst, das man ihm nicht zufügt; daß man bei ihm unter Außenseitern, die wir grob nennen, freie und aufrechte Seelen findet, einen gesunden Verstand und eine Tatkraft, die man vergebens in der Klasse, die es verachtet, suchen würde. Das Volk verlangt nur das Notwendige, es will nur Recht und Ruhe haben; die Reichen aber greifen nach allem; alles wollen sie verschlingen, alles beherrschen. Die Mißbräuche sind das Werk und die Domäne der Reichen, sie sind die Geißeln des Volkes; das Interesse des Volkes ist das allgemeine Interesse, das der Reichen ist das Sonderinteresse, und ihr wollt das Volk nichtig und die Reichen mächtig machen...

Aus einer im April 1791 als Flugschrift verbreiteten Rede Robespierres. Archives parlementaires XI, S. 310ff.

40 Gesetz Le Chapelier[73]: Streik- und Koalitionsverbot, 14.–17. Juni 1791

Art. 1. Da die Abschaffung aller Arten von Korporationen von Bürgern des gleichen Standes oder gleichen Berufes eine der entscheidenden Grundlagen der französischen Verfassung darstellt, ist es verboten, sie de facto wiederherzustellen, unter welchem Vorwand und in welcher Form auch immer.

Art. 2. Die Bürger vom gleichen Stand oder gleichen Beruf – Unternehmer, Ladeninhaber, Handwerker – dürfen, wenn sie zusammen kommen, weder einen Präsidenten noch Sekretäre noch Bevollmächtigte wählen, Listen anlegen, Beschlüsse fassen oder Satzungen über ihre angeblich gemeinsamen Interessen aufstellen.

...

Art. 4. Falls entgegen den Grundsätzen der Freiheit und der Verfassung Bürger, die die gleichen Berufe, Handwerke und Gewerbe ausüben, Beschlüsse fassen oder unter sich Vereinbarungen treffen, die darauf abzielen, den Beitrag ihres Gewerbefleißes oder ihrer Arbeit nur zu einem bestimmten Preis anzubieten, dann werden diese Beschlüsse und Vereinbarungen für verfas-

[73] So genannt nach dem Abgeordneten Le Chapelier, 1754–1794, Rechtsanwalt, Mitarbeiter an der Verfassung von 1791, Feuillant, 1794 hingerichtet. Dem Gesetz, das die Unternehmer vor den Arbeitern schützte, war eine lange Dauer beschieden. Das Koalitions- und Streikverbot wurde erst 1864 aufgehoben, das Gewerkschaftsverbot 1884. Zusammen mit dem Gesetz Allarde vom 2. März 1791 (s. Zeittafel) schuf das Gesetz Le Chapelier die Bedingungen der Unternehmerfreiheit.

sungwidrig erklärt, gleich ob sie eidlich beschworen sind oder nicht, als ein Attentat auf die Freiheit und die Erklärung der Menschen- und Bürgerrechte und somit für null und nichtig erachtet...

...

Art. 6. Falls diese Beschlüsse oder Vereinbarungen Drohungen gegen die fremden Unternehmer, Handwerker, Arbeiter oder Tagelöhner, die an den Ort zum Arbeiten kämen, enthielten, oder gegen jene, die sich mit einem niedrigeren Lohn zufrieden gäben, dann sollen die Urheber, Anstifter und Unterzeichner der Vereinbarungen mit einer Strafe von 1000 Livres und drei Monaten Gefängnis bestraft werden.

Art. 7. Alle diejenigen, die gegen die Arbeiter, die ihre durch die verfassungsmäßigen Gesetze für die Arbeit und das Gewerbe gewährleisteten Freiheiten in Anspruch nehmen, mit Drohungen oder Gewalt vorgehen würden, werden strafrechtlich verfolgt und gemäß der Strenge des Gesetzes als öffentliche Ruhestörer bestraft.

Art. 8. Alle Zusammenrottungen von Handwerkern, Arbeitern, Gesellen und Tagelöhnern, die sich gegen die freie Ausübung des Gewerbes und der Arbeit oder gegen Maßnahmen der Polizei und die Ausführung von auf diesem Gebiet ergangenen Gerichtsurteilen richten, werden als aufrührerisch beurteilt und als solche von den Organen der staatlichen Gewalt aufgelöst; ihre Urheber, Anstifter und Rädelsführer sowie alle diejenigen, die Ausschreitungen und Gewaltakte verübt haben, werden mit der ganzen Strenge des Gesetzes bestraft.

Archives parlementaires XXVII, S. 210 ff.

Die Verfassung der konstitutionellen Monarchie vom 3. September 1791[74] **41**

(Der Verfassung vorangesetzt ist die Erklärung der Menschen- und Bürgerrechte vom 26. August 1789 – Q 34)

Da die Nationalversammlung die Verfasssung auf den Grundsätzen aufbauen will, die sie soeben anerkannt und verkündet hat, beseitigt sie unwiderruflich die Einrichtungen, die die Freiheit und Rechtsgleichheit verletzen.

Es gibt keinen Adel mehr, keinen Hochadel, keine erblichen Auszeichnungen, keine Standesunterschiede, keine Lehnsherrschaft, keine Patrimonialgerichtsbarkeit, keinerlei Titel, Benennungen und Vorrechte, die davon herrühren, keine Ritterorden, keine der Körperschaften oder Auszeichnungen, die Adelsproben erforderten oder die Auszeichnung der Geburt voraussetzte, und keine andere Obergewalt als die des Staatsbeamten in Ausübung seines Dienstes.

[74] Nach langwierigen Verhandlungen hatte die Verfassung im Herbst 1791 ihre endgültige Fassung erhalten; Ludwig XVI. sah sich nach seinem gescheiterten Fluchtversuch gezwungen, die Verfassung durch Eid am 14. September 1791 anzuerkennen. (Vgl. Q. 34 und Anm. 63.)

Abb. 11. Neue Verfassungen. Ein zeitgenössischer Stich 1790. Aufforderung an die Nationalversammlung, die Arbeit an der Verfassung zügig abzuschließen (das Eisen schmieden, solange es heiß ist).

Es gibt nicht mehr Käuflichkeit oder Erbrecht irgendeines öffentlichen Amtes.

Es gibt nicht mehr für irgendeinen Teil der Nation oder für irgendein Individuum irgendein Privileg oder eine Ausnahme von dem allen Franzosen gemeinsamen Recht. …

Das Gesetz anerkennt nicht mehr religiöse Gelübde oder irgendwelche anderen Verpflichtungen, die im Widerspruch zu den Naturrechten oder zu der Verfassung stünden.

Titel I.
Von der Verfassung verbürgte Grundeinrichtungen (Grundrechte)

Die Verfassung verbürgt als natürliche und bürgerliche Rechte:

1. daß alle Staatsbürger zu den Stellungen und Ämtern zulaßbar sind ohne einen anderen Unterschied als den ihrer Kräfte und Anlagen;

2. daß alle Abgaben auf alle Bürger gleichmäßig nach Maßgabe ihrer Vermögensverhältnisse verteilt werden sollen;

3. daß dieselben Verbrechen mit denselben Strafen ohne irgendeinen Unterschied der Person belegt werden sollen.

Die Verfassung verbürgt gleichfalls als natürliche und bürgerliche Rechte:

Jedem Menschen die Freiheit, sich zu bewegen, sich aufzuhalten, abzureisen, ohne verhaftet oder gefangen gehalten zu werden als gemäß den durch die Verfassung festgelegten Formen; jedem Menschen die Freiheit, zu reden, zu schreiben, seine Gedanken zu drucken und zu veröffentlichen, ohne daß seine Schriften vor ihrer Veröffentlichung irgendeiner Zensur oder Prüfung unterworfen werden können, und den religiösen Glauben auszuüben, dem er anhängt;
Den Staatsbürgern die Freiheit, sich friedlich und unbewaffnet in Übereinstimmung mit den polizeilichen Anordnungen zu versammeln. ...
Die Verfassung verbürgt die Unverletzlichkeit des Eigentums oder die gerechte und vorherige Entschädigung des Eigentums, das die öffentliche, gesetzlich festgestellte Notwendigkeit als Opfer verlangen würde. ...
Es soll eine allgemeine Einrichtung öffentlicher Hilfeleistung geschaffen und aufgebaut werden, um im Stich gelassene Kinder zu erziehen, kranken Armen zu helfen und armen Gesunden, die sich keine Arbeit verschaffen können, diese zu besorgen.
Es soll ein öffentliches Schulwesen eingerichtet und aufgebaut werden, das für alle Bürger gemeinsam und in den Bereichen, die für alle Menschen unentbehrlich sind, kostenlos sein wird.
Es sollen Nationalfeste eingerichtet werden, um die Erinnerung an die Französische Revolution zu bewahren, die Brüderlichkeit unter den Bürgern zu pflegen und sie an die Verfassung, das Vaterland und die Gesetze zu binden.
...
Es soll ein bürgerliches Gesetzbuch geschaffen werden, dessen Gesetze für das ganze Königreich gelten.

Titel III.
Von den öffentlichen Gewalten

Artikel 1. Es gibt nur eine Souveränität, unteilbar, unveräußerlich und unverjährbar. Sie gehört der Nation; kein Teil des Volkes und auch keine einzelne Person kann sich ihre Ausübung aneignen.
2. Die Nation, von der allein alle Gewalten ausgehen, kann sie nur durch Übertragung ausüben. Die französische Verfassung ist eine Repräsentativverfassung. Ihre Repräsentanten sind die gesetzgebende Körperschaft und der König.
3. Die gesetzgebende Gewalt ist einer Nationalversammlung übertragen, die aus Abgeordneten besteht, die durch das Volk frei und auf Zeit gewählt werden, um sie mit Sanktion des Königs auf die nachstehend bestimmte Art auszuüben.
4. Die Regierung ist monarchisch. Die ausführende Gewalt ist dem König übertragen, um unter seiner Autorität durch Minister und andere verantwortliche Beamte auf die nachstehend bestimmte Art ausgeübt zu werden.
5. Die richterliche Gewalt ist Richtern übertragen, die auf bestimmte Zeit vom Volk gewählt werden.

Kapitel I.
Von der gesetzgebenden Nationalversammlung

Art. 1. Die Nationalversammlung, die die gesetzgebende Körperschaft bildet, ist immerwährend und besteht aus einer Kammer.
2. Sie wird alle zwei Jahre durch Neuwahlen gebildet. Jeder Zeitraum von zwei Jahren bildet eine Legislatur. ...
...
5. Die gesetzgebende Körperschaft kann vom König nicht aufgelöst werden.

Abschnitt II. Urwahlversammlungen, Bestellung der Wahlmänner
Art. 2. Um aktiver Bürger zu sein, muß man: als Franzose geboren oder Franzose geworden sein; das 25. Lebensjahr vollendet haben; seinen Wohnsitz in der Stadt oder dem Kanton seit dem durch das Gesetz vorgeschriebenen Zeitpunkt haben; in irgendeinem Orte des Königreiches eine direkte Steuer zahlen, die wenigstens dem Wert von drei Arbeitstagen gleichkommt, und hierüber eine Quittung vorlegen; nicht dem Bedientenstand angehören ... ; in der Gemeinde seines Wohnsitzes in die Liste der Nationalgarde eingeschrieben sein; den Bürgereid geleistet haben.

Kapitel II.
Vom Königtum, der Regentschaft und den Ministern

Abschnitt I. Vom Königtum und dem König
Art. 1. Das Königtum ist erblich und dem regierenden Hause im Mannesstamm nach dem Rechte der Erstgeburt erblich übertragen. ...
2. Die Person des Königs ist unverletzlich und geheiligt; sein einziger Titel ist König der Franzosen.
3. Es gibt in Frankreich keine Macht, die über dem Gesetz steht; der König regiert nur durch das Gesetz, und nur im Namen des Gesetzes kann er Gehorsam verlangen. ...

Abschnitt IV. Von den Ministern
Art. 1. Allein dem König stehen Wahl und Entlassung der Minister zu.
...

Kapitel III.
Von der Ausübung der gesetzgebenden Gewalt

Abschnitt III. Von der Erteilung der Gesetzeskraft
Art. 1. Die Beschlüsse der gesetzgebenden Körperschaft werden dem König vorgelegt, der ihnen seine Zustimmung verweigern kann.
2. Falls der König seine Zustimmung verweigert, ist diese Verweigerung nur von aufschiebender Wirkung. Wenn die beiden Legislaturen, die derjenigen folgen, die den Beschluß vorgelegt hat, nacheinander den gleichen Beschluß in der gleichen Fassung wieder vorlegen, so wird von dem König angenommen, daß er seine Zustimmung erteilt hat. ...

Kapitel IV.

Die vollziehende Gewalt ruht ausschließlich in der Hand des Königs. Der König ist der oberste Chef der allgemeinen Verwaltung des Königreiches; die Sorge für die Aufrechterhaltung der öffentlichen Ordnung und Ruhe ist ihm anvertraut. Der König ist der oberste Chef der Streitkräfte zu Wasser und zu Lande.

Kapitel V.
Von der richterlichen Gewalt

Art. 1. Die richterliche Gewalt, kann in keinem Fall durch die gesetzgebende Körperschaft oder durch den König ausgeübt werden.
2. Die Rechtsprechung erfolgt kostenlos durch die auf Zeit durch das Volk gewählten und durch Bestallungsurkunden des Königs, die er nicht verweigern kann, eingesetzten Richter.
Der öffentliche Ankläger wird durch das Volk gewählt.

Titel VI.
Von den Beziehungen der französischen Nation zu fremden Nationen

Die französische Nation verzichtet darauf, einen Krieg zu unternehmen, um Eroberungen zu machen. Sie wird ihre Streitkräfte niemals gegen die Freiheit eines anderen Volkes verwenden.

Les Constitutions de la France depuis 1789. A. a. O. S. 35 ff.

42

Dekret der Nationalversammlung über die Judenbefreiung[75] vom 27. September 1791

In der Erwägung, daß die Bedingungen, die erfüllt sein müssen, damit man französischer Bürger sein und aktiver Bürger werden kann, durch die Verfassung festgelegt sind und daß jeder Mann, der, da er die besagten Bedingungen erfüllt, den Bürgereid leistet und sich dazu verpflichtet, alle durch die Verfassung auferlegten Verpflichtungen zu erfüllen, auf alle von ihr zugesicherten Vorteile Anspruch hat, widerruft die Nationalversammlung alle Aufschübe, Vorbehalte und Ausnahmen, die in den vorangegangenen Dekreten in Bezug auf die Juden, die den Bürgereid leisten, enthalten sind; dieser gilt als Verzicht auf alle Vorrechte und Ausnahmen, die früher zu ihren Gunsten eingeführt worden sind.

Le Moniteur IX, S. 795

[75] Nachdem die Protestanten bereits am 24. Dezember 1789 volle Bürgerrechte erhalten hatten, waren diese auch den sephardischen (d. h. den aus Spanien und Portugal stammenden) Juden am 28. Januar 1790 zuerkannt worden. Das Dekret vom 27. September 1791 betrifft die elsässischen Juden. Damit sind die 40 000 in Frankreich lebenden Juden in den Genuß der Bürgerrechte gekommen. Die jüdischen Gemeinden verfielen jedoch gleichzeitig den Gesetzen Allarde und Le Chapelier (s. Q. 40).

V. Verteidigung Frankreichs und Sturz der Monarchie

Als die Verfassunggebende Versammlung ihr Mandat erfüllt hatte, wurde die Gesetzgebende Versammlung (Legislative) gewählt. Sie hatte eine ganz andere Zusammensetzung, vor allem weil kein Abgeordneter der Konstituante wiedergewählt werden durfte. In der neuen Versammlung gab es zudem viel weniger Mitglieder des Adels und der Geistlichkeit.

Die Abgeordneten gehörten verschiedenen Lagern an. Rechts gab es einen Block von 264 Feuillants (Anhängern der konstitutionellen Monarchie), in der Mitte 345 Abgeordnete, die wechselnde Positionen einnahmen, links eine Gruppe von 136 Jakobinern, die von Brissot und seinen Freunden geführt wurden.

Ab Herbst 1791 beherrschte das Problem des Krieges die politische Situation. Während die Emigranten die Absicht erkennen ließen, einen militärischen Schlag gegen die Revolution zu führen, drängten verschiedene Gruppen in der Legislative zum Krieg. Ein Teil der Feuillants wollte den Krieg, um ihn gegen die Revolution zu richten; der König wollte ihn, um mit Hilfe der ausländischen Mächte und der Emigrantenheere die absolute Monarchie wiederherzustellen; Brissot und seine Anhänger wollten ihn als Kreuzzug für die Freiheit, der nebenbei erlauben sollte, die wirtschaftlichen Schwierigkeiten im Innern zu lösen. Nur wenige warnten vor dem Krieg, der mit wenigen Unterbrechungen 23 Jahre dauern sollte.

Nachdem Österreich der Krieg erklärt worden war – man hoffte, Preußen werde neutral bleiben –, stellte sich bald heraus, daß die Nation sich nicht auf ihre Armee verlassen konnte. Viele Offiziere waren emigriert, andere warteten nur auf die Stunde der Wende. Die ersten kriegerischen Operationen verliefen katastrophal, und das Verhalten des Generals Lafayette erwies sich als sehr zwielichtig. Im Sommer 1792 war die Revolution in höchster Gefahr.

Seinen Urhebern zum Trotz bewirkte nun der Krieg eine Radikalisierung und Demokratisierung der Revolution. Zunächst wurde die Armee durch den Aufruf von Freiwilligen erneuert, die als Patrioten gegen die Invasionsheere antraten. Dank der Standhaftigkeit der erneuerten Armee wurden die preußisch-österreichischen Söldnerheere bei Valmy zum Rückzug gezwungen und vom französischen Boden vertrieben.

Die politische Initiative ging im Sommer 1792 an die Volksbewegung über. Sie entschied den Kampf zwischen der Gesetzgebenden Versammlung und dem König, dem „Herrn Veto". Eine Gegenmacht konstituierte sich in der „aufständischen Kommune" von Paris, die den Sturm auf die Tuilerien organisierte und die Absetzung und Verhaftung des Königs erzwang. Der 10. August, den einige Historiker als Zweite Revolution bezeichnen, andere als Putsch, besiegelte jedenfalls das Scheitern der Legislative, die den Krieg gewollt, aber nicht zu führen verstanden hatte, und die das Doppelspiel des Königs nicht durchschaut hatte. Die Septembermassaker, die 1792 im Augenblick größter Gefährdung der Revolution losbrachen, erklären sich auch aus dem Autoritätsverlust der Legislative.

Der Untergang der Monarchie zog den der Feuillants und auch den der anderen Anhänger der konstitutionellen Monarchie nach sich. Die Legislative konnte sich nur noch auflösen und Neuwahlen zu einem Konvent ansetzen, der unter dem Druck der Volksbewegung nach allgemeinem und gleichem Wahlrecht gewählt wurde. Die Ausrufung der Republik war die erste Aktion des Konvents.

Jacques René Hébert[76] über wirtschaftliches Elend[77] in seinem Blatt, Oktober 1791 43

Ich hoffe, verflucht nochmal!, daß nach der Abschaffung der Einfuhrzölle, ich mir einige Flaschen mehr genehmigen könnte, aber nein, verflucht nochmal! Statt billiger zu werden und bessere Qualität zu haben, ist der Wein genau so teuer wie zuvor, und er vergiftet uns genau so. Ich hatte auch gehofft, die anderen Lebensmittel würden billiger werden, aber der Lebensmittelhändler André[78] und seine Kollegen sind immer noch dazu entschlossen, uns den Pfeffer zum gleichen Preis wie einst zu verkaufen. ...
Wie geht das zu? Verflucht nochmal! Wir haben also durch die Beseitigung der Schlagbäume nichts gewonnen. Man hat uns neue Steuern aufgebürdet, und wir zahlen noch die gleichen Abgaben für die Lebensmittel. Zum Donnerwetter! das geht nicht an. Überall wo man ein Leiden sieht, muß es ein Heilmittel geben. Ihr neuen Gesetzgeber, es ist Eure Aufgabe, es zu finden. Rottet die neuen Mißbräuche aus, das ist Eure Pflicht. Hängt alle Schieber bis zum letzten auf und all die Schurken von Kaufleuten, die mit Menschenfleisch spekulieren und sich am Blut der Unglücklichen mästen... Ihr werdet erkennen, verflucht nochmal!, daß ein gemeines Komplott besteht, um uns in diesem Winter ins tiefste Elend zu stürzen.

Père Duchesne Nr. 83

Jacques Brissot[79] für den Krieg als nationale Notwendigkeit. Aus einer Rede Brissots im Jakobinerklub am 16. Dezember 1791 44

Seit sechs Monaten, ja seit Beginn der Revolution habe ich über die Politik, die ich verfolgen wollte, nachgedacht. Die Kraft der Überlegung und der Tatsachen hat mich davon überzeugt, daß ein Volk, das nach zehn Jahrhunderten der Sklaverei die Freiheit errungen hat, des Krieges bedarf. Es braucht den

[76] 1757–1794, Journalist, gründet 1790 die Zeitung „Père Duchesne", eine der volkstümlichsten der Zeit, spielt nach dem 10. August 1792 eine maßgebliche Rolle in der Kommune von Paris, wobei er sich immer weiter radikalisiert. Mit den Cordeliers am 24. März 1794 hingerichtet.

[77] Eine wirtschaftliche Krise, ausgelöst durch schlechte Ernten und Inflation, führte im Winter 1791/92 zu einer starken Teuerung, die die Volksmassen in Bewegung setzte (Ladensturm in Paris, Unruhen auf dem Lande).

[78] Ehemaliger Abgeordneter der Verfassunggebenden Versammlung, Feuillant. Als Kolonialwarenhändler en gros bezichtigten ihn die Volksmassen der Spekulation und Warenhortung.

[79] 1754–1793, Rechtsanwalt, Schriftsteller, Abgeordneter der Gesetzgebenden Versammlung und des Konvents. Bis zum 10. Oktober 1792 Mitglied des Jakobinerklubs. Führender Kopf unter den „Girondisten" (so genannt, da einige Abgeordnete aus Bordeaux den Ton angaben, gelegentlich aber auch „Brissotins"), die im großen und ganzen die Interessen der Großbourgeoisie, Kaufleute und Unternehmer vertraten. Vom Sommer 1792 an gerieten sie in wachsenden Gegensatz zur Volksbewegung und den linken Jakobinern. Brissot wurde am 2. Juni 1793 verhaftet, am 31. Oktober 1793 hingerichtet.

Krieg, um die Freiheit zu befestigen; es braucht ihn, um die Freiheit von den Lastern des Despotismus zu säubern; es braucht ihn, um aus seinem Schoß die Männer zu entfernen, die sie verderben könnten. Segnet den Himmel, daß er selber dafür gesorgt und euch die Gelegenheit gegeben hat, die Verfassung zu befestigen .... Seit zwei Jahren hat Frankreich alle gütlichen Mittel erschöpft, um die Rebellen[80] in seinen Schoß zurückzuführen; alle Versuche, alle Aufforderungen sind fruchtlos gewesen, sie beharren auf ihrem Aufruhr; die fremden Fürsten bestehen auf ihrer Unterstützung; kann man zögern, sie anzugreifen? Unsere Ehre, unser öffentliches Ansehen, die Notwendigkeit, unsere Revolution mit sittlichem Schwung zu erfüllen und sie zu festigen, das alles fordert uns dazu auf; wäre Frankreich nicht entehrt, wenn es nach Abschluß seiner Verfassung eine Handvoll Verschwörer duldete, die seiner Regierung Hohn sprechen? ...

Histoire parlementaire XII, S. 131/132

45 **Robespierre[81] gegen den Krieg vor dem Jakobinerklub in Antwort auf Brissots Rede** am 2. Januar 1792

... Die verrückteste Idee, die sich im Kopf eines Politikers bilden kann, ist die, zu glauben, ein Volk könne sich damit begnügen, mit Waffen in der Hand bei einem fremden Volk einzudringen, damit dieses seine Gesetze und seine Verfassung annimmt. Niemand liebt die bewaffneten Missionare; und der erste Ratschlag, den Natur und Verstand erteilen, besteht darin, sie als Feinde zurückzustoßen. Ich habe erklärt, eine derartige Invasion könne die Erinnerung an die Verwüstung der Pfalz[82] und der letzten Kriege wachrufen, leichter jedenfalls als Verfassungsvorstellungen Wurzeln fassen zu lassen, weil die Masse der Bevölkerung in jenen Gebieten diese Tatsachen besser kennt als unsere Verfassung. Die Berichte kluger Leute, die diese Menschen kennen, widersprechen all dem, was man uns über den Eifer erzählt, mit dem sie sich nach unserer Verfassung und unseren Armeen sehnen. Ehe sich die Leistungen unserer Revolution bei den fremden Nationen auszuwirken beginnen, muß diese bei uns gefestigt sein. Ihnen die Freiheit bringen zu wollen, ehe wir selbst sie gewonnen haben, bedeutet, gleichzeitig unsere Knechtschaft und die der ganzen Welt heraufzubeschwören[83].

M. Robespierre, Oeuvres. Paris 1954, Band VIII, S. 74

---

[80] Die Emigranten. Von Beginn der Revolution bis in das Jahr 1791 waren schon über 40000 Adlige emigriert. Ihre Sammelpunkte waren Mainz, Koblenz und Trier, von wo aus sie die Gegenrevolution organisierten. Im Herbst 1791 wollte man sie durch ein Amnestieversprechen zur Rückkehr bewegen. Einige leisteten Folge. Aber 1792 verschärfte sich die Gesetzgebung gegenüber den Emigranten. Sie wurden „für immer“ verbannt.

[81] Vgl. Anm. 67

[82] In dem Pfälzischen Erbfolgekrieg (1688–1697), ausgelöst durch von Ludwig XIV. erhobene Erbansprüche, wurde die Pfalz durch französische Truppen schwer verwüstet.

[83] Robespierre gelang es nicht, sich gegen die von Brissot angeführte Bewegung für den Krieg durchzusetzen. Die zweite Spaltung der Jakobiner kündigte sich in dieser Debatte im Jakobinerklub an (vgl. Anm. 70).

Die französische Kriegserklärung vom 20.4.1792[84], gerichtet an Franz II., König von Ungarn und Böhmen **46**

Die Nationalversammlung erklärt, daß die französische Nation, den durch die Verfassung geheiligten Grundsätzen getreu, „keinen Krieg mit der Absicht der Eroberung zu unternehmen und niemals gegen die Freiheit irgendeines Volkes die Waffen zu ergreifen", die Waffen nur aufnimmt zur Verteidigung ihrer Freiheit und Unabhängigkeit; daß der Krieg, den sie unternehmen muß, kein Krieg ist von Nation gegen Nation, sondern die gerechte Verteidigung eines freien Volkes gegen den ungerechten Angriff eines Königs; daß die Franzosen niemals ihre Brüder verwechseln werden mit ihren wahren Feinden; daß sie nichts unterlassen wird, um die Geißel des Krieges zu lindern, das Eigentum zu schonen und zu erhalten und alle unvermeidlichen Leiden des Krieges einzig auf die fallen zu lassen, die sich gegen ihre Freiheit verschwören werden; daß sie von vornherein alle Ausländer aufnimmt, die, der Sache ihrer Feinde absagend, sich unter ihre Fahne scharen und ihre Anstrengungen der Verteidigung ihrer Freiheit weihen werden, und daß sie mit allen Mitteln deren Ansiedlung in Frankreich begünstigen wird.

Histoire parlementaire XIV, S. 61/62

Der Marseiller Hochgesang. Zeitgenössische, anonym erschienene, freie Übertragung der „Marseillaise", gedichtet und komponiert von Rouget de l'Isle[85] am 24./25. April 1792 in Straßburg **47**

Auf! Für das Vaterland zu sterben!
Auf! Wer den Schwur der Freiheit schwor!
Die Herrschsucht hebt, uns zu verderben,
Ihr blutiges Panier empor.
Hört ihr im Tal die fremden Horden?
Blutdürstend naht der fremde Schwarm,
Er naht, um selbst in eurem Arm
Den Sohn, die Gattin euch zu morden.
Brecht, Bürger, auf! Stellt euch in Glied und Reih!
Zum Kampf und kämpft! Das Land der Freiheit düngt
das Blut der Tyrannei.
...

[84] Die Kriegserklärung wurde von der Gesetzgebenden Versammlung gegen nur 7 Stimmen beschlossen.

[85] 1760–1836, Offizier und Dichter, verfaßte in Straßburg am 24./25. April 1792 dieses Lied und vertonte es. Als „Chant de guerre pour l'armée du Rhin" in Straßburg gedruckt, am 30. Juli 1792 von einem Marseiller Freiwilligenbataillon beim Einzug in Paris gesungen, verbreitete es sich rasch durch Frankreich als das Kampflied der demokratisch-republikanischen Revolution und wurde zur Nationalhymne. – Während des Empire und der Restauration verboten, erfuhr es in einer musikalischen Bearbeitung von Berlioz 1830 seine Neubelebung. – Ins Deutsche wurde es sofort mehrfach übersetzt, meist in freier Übertragung, wie auch hier.

Auf, Franken! Euer Schwert erteile
Gleich edel, Leben oder Tod!
Schont eines Opfers, das, zum Streite
Gezwungen, seine Rechte bot!
Doch die von Mord und Raub sich nähren,
Doch jene Emigrantenbrut,
Die Tiger alle, die voll Wut
Den Schoß, der sie gebar, zerstören –
Brecht, Bürger, auf! Stellt euch in Glied und Reih!
Zum Kampf und kämpft! Das Land der Freiheit düngt
Das Blut der Tyrannei.

W. Grab / A. Friesel, Noch ist Deutschland nicht verloren. München 1970, S. 39 f.

48 **Petition der Pariser Sektionen an die Gesetzgebende Versammlung** vom 20. Juni 1792[86]

Gesetzgeber, ..., sorgt dafür, daß der Wille des Volkes, das Euch unterstützt und Euch mit allen Kräften bis zum Tode verteidigen wird, zur Ausführung gelangt; schließt Euch uns an, handelt, es ist an der Zeit... Die Tyrannen kennt Ihr; werdet nicht schwach vor ihnen. Solltet Ihr vor ihnen erzittern, während doch ein einfaches Parlament oft den Willen der Tyrannen zunichte machte?

Die Regierung stimmt keineswegs mit Euch überein; wir brauchen dafür keine weiteren Beweise als die Entlassung der patriotischen Minister. So hängt also das Glück einer Nation von der Laune eines Königs ab, aber darf denn dieser König einen anderen Willen als den der Gesetze haben? So will es das Volk, und sein Kopf ist wohl ebenso viel wert wie ein gekröntes Tyrannenhaupt. ...

Wir beklagen uns über die Untätigkeit unserer Armeen; wir fordern, daß Ihr die Ursache dafür erforscht. Wenn sie bei der Regierung zu finden ist, dann weg mit ihr. Das Blut der Patrioten darf nicht fließen, um Hochmut und Ehrgeiz des Tuilerien-Schlosses zu befriedigen...

Gesetzgeber, wir verlangen permanente Bewaffnung für uns, bis die Verfassung in Kraft getreten ist.

[86] Anfang Juni 1792 hatte der König von seinem Veto-Recht Gebrauch gemacht und die Gironde-Minister entlassen (s. Zeittafel). Daraufhin kam es im Einvernehmen mit den Girondisten zu einer großen Demonstration, die von den Sektionen organisiert war. Paris war im Mai 1790 in 48 Sektionen unterteilt worden, deren Vollversammlungen zu Zentren der Volksbewegung wurden. Hier traten die Passivbürger auf, bildete sich die politische Meinung der breiten Volksmassen, hier entwickelten sich die Theorie und Praxis der direkten Demokratie. Das Volk, der „Souverän", behielt sich vor, seine Abgeordneten jederzeit zu kontrollieren, ihnen gegebenenfalls das Vertrauen zu entziehen und die Souveränität selbst auszuüben. In zunehmendem Maße entwickelte sich in den Sektionen politische Initiative, die den Gang der Ereignisse prägte, so am 20. Juni und 10. August 1792, am 31. Mai und 2. Juni 1793.

Diese Petition wird nicht nur von den Bewohnern des Vororts Saint-Antoine getragen, sondern dahinter stehen alle Sektionen der Hauptstadt und der Umgebung von Paris.

Le Moniteur XII, S. 717

Das Vaterland ist in Gefahr: Beschluß der Gesetzgebenden Versammlung. Paris, 11. Juli 1792[87] **49**

Starke Truppenmassen marschieren auf unsere Grenze zu; alle, die sich vor der Freiheit fürchten, greifen zu den Waffen gegen unsere Verfassung. Bürger, das Vaterland ist in Gefahr.
Diejenigen, denen die Ehre zuteil wird, sich als die Ersten in Marsch zu setzen, um das zu verteidigen, was ihnen am teuersten ist, sollen sich immer daran erinnern, daß sie freie Franzosen sind, daß ihre Mitbürger in der Heimat die Sicherheit der Person und des Eigentums schützen, daß die Beauftragten des Volkes aufmerksam darüber wachen; daß alle ruhigen Mutes, dem Kennzeichen der wahren Stärke, das Signal des Gesetzes erwarten, und das Vaterland wird gerettet sein.

Archives parlementaires XLVI, S. 335

Aufruf des Herzogs von Braunschweig[88] an das französische Volk, abgedruckt im Pariser „Moniteur" am 3. August 1792 **50**

Überzeugt davon, daß der gesunde Teil des französischen Volkes die Ausschweifungen der herrschenden Partei verabscheut und der größere Teil der Bewohner mit Ungeduld den Augenblick erwartet, um sich offen gegen die verhaßten Maßregeln seiner Unterdrücker zu erklären, fordern seine Majestät der Kaiser und Seine Majestät der König von Preußen sie auf und laden sie ein, ohne Verzug zur Vernunft, zur Gerechtigkeit, zur Ordnung und zum Frieden zurückzukehren. In dieser Hinsicht erklärt der Unterzeichnete, Oberbefehlshaber der verbündeteten Heere, folgendes:
1. daß die beiden verbündeten Höfe, durch unwiderstehliche Gründe zu dem gegenwärtigen Krieg bewogen, nur das Heil Frankreichs beabsichtigen, aber keineswegs sich durch Eroberungen bereichern wollen;
2. daß sie nicht beabsichtigen, sich in die innere Regierung Frankreichs zu mischen, sondern daß sie nur den König, die Königin und die königliche Familie aus der Gefangenschaft befreien wollen;...

[87] Preußisch-österreichische Heere waren nach der französischen Kriegserklärung, gefolgt von einer Emigrantenarmee, in Frankreich eingedrungen. Angesichts dieser militärischen Bedrohung erklärte die Gesetzgebende Versammlung mit diesem Beschluß den Notstand, womit das königliche Veto ausgeschaltet wurde.

[88] Karl Wilhelm Ferdinand, 1735–1806, preußischer General, Oberbefehlshaber der preußischen und österreichischen Invasionsarmeen. Für den Text war der Herzog nicht allein verantwortlich. Das Manuskript entsprach den Wünschen des französischen Hofes und war von Emigranten redigiert. Paris sollte eingeschüchtert werden – das Gegenteil war der Fall.

4. daß die Nationalgarde aufgefordert ist, vorläufig für die Ruhe der Städte und des flachen Landes und für die Sicherheit der Personen und Güter aller Franzosen bis zur Ankunft der Heere Ihrer kaiserlichen und königlichen Majestäten oder bis zu anderweitiger Verordnung bei persönlicher Verantwortlichkeit zu wachen; daß im Gegenteil die Nationalgardisten, welche gegen die verbündeten Truppen kämpfen und mit den Waffen in der Hand gefangen genommen würden, als Feinde behandelt und als Aufrührer gegen ihren König und als Störer der öffentlichen Ordnung bestraft werden sollen;

5. daß die Generale, Offiziere, Unteroffiziere und Soldaten des französischen Linienheeres ebenfalls aufgefordert sind, zu ihrer alten Treue zurückzukehren und sich auf der Stelle dem König, ihrem rechtmäßigen Herren, zu unterwerfen.

...

8. Die Stadt Paris und alle ihre Bewohner ohne Unterschied sind gehalten, sich auf der Stelle und ohne Verzug ihrem König zu unterwerfen, diesen Fürsten in die volle Freiheit zu setzen und ihm wie allen königlichen Personen die Unverletzlichkeit und die Achtung zu versichern, die nach Natur- und Völkerrecht die Pflicht der Untertanen gegen die Herrscher gebietet. Ihre Majestäten der Kaiser und der König machen alle Mitglieder der Nationalversammlung, des Departements, des Bezirks, der Gemeinde und der Nationalgarde von Paris, die Friedensrichter und wen es sonst betreffen mag, persönlich mit ihrem Leben und bei Strafe, vor einem Kriegsgericht ohne Hoffnung auf Begnadigung verurteilt zu werden, verantwortlich für alle Vorfälle. Dabei erklären die genannten Majestäten auf Ihr kaiserliches und königliches Ehrenwort, daß, wenn das Schloß der Tuilerien gestürmt oder sonst verletzt, wenn die mindeste Gewalttat oder Beleidigung Ihren Majestäten dem König, der Königin und der ganzen königlichen Familie widerfährt, wenn nicht unmittelbar für ihre Sicherheit, ihr Leben und ihre Freiheit gesorgt wird, sie eine exemplarische und für alle Zeiten denkwürdige Rache nehmen und die Stadt Paris einer militärischen Exekution und einer gänzlichen Vernichtung, die Empörer selbst, die diese Attentate verschuldet haben, dem verdienten Tode überliefern werden. Ihre Majestäten der Kaiser und der König versprechen dagegen den Einwohnern von Paris, sich bei Seiner Allerchristlichsten Majestät dafür zu verwenden, daß ihnen Gnade für ihr Unrecht und ihre Irrtümer gewährt und die kräftigsten Maßregeln zur Sicherung ihres Lebens und ihrer Güter getroffen werden, wenn sie die obige Aufforderung schnell und pünktlich befolgen.

Aus diesen Gründen ersuche und ermahne ich alle Bewohner des Königreiches aufs kräftigste und inständigste, sich dem Zuge und den Bewegungen meines Heeres nicht zu widersetzen, sondern ihm überall freien Durchzug und guten Willen, Hilfe und Beirat zu geben, wie es die Umstände erfordern könnten.

Gegeben im Hauptquartier Koblenz, am 25. Juli 1792.

Karl Wilhelm Ferdinand, Herzog von Braunschweig-Lüneburg

Histoire parlementaire XVI, S. 276 ff.

Petition J. Pétions[89] an die Gesetzgebende Versammlung im Namen einer 51
Abordnung von 47 Pariser Sektionen, Paris, den 3. August 1792

Gesetzgeber! ... Der Chef der ausführenden Gewalt ist das erste Glied der gegenrevolutionären Kette. Er scheint an den Pillnitzer Komplotten[90], die er so spät mitgeteilt hat, beteiligt zu sein. Sein Name steht nunmehr gegen den der Nation... Er hat seine Interessen von denen der Nation getrennt. So wie er trennen wir unsere Interessen von ihm... Solange wir einen derartigen König haben, kann sich die Freiheit nicht festigen, und wir wollen frei bleiben. Aus einem Rest von Nachsicht heraus hätten wir gewünscht, von Euch nur die Suspendierung Ludwigs XVI. zu verlangen, solange die Gefahr für das Vaterland besteht; aber dem steht die Verfassung entgegen, ... und so fordern wir seine Absetzung. Wenn diese große Maßnahme ergriffen ist, fordern wir – da es sehr zweifelhaft ist, ob die Nation Vertrauen zur gegenwärtigen Dynastie haben kann –, daß solidarisch verantwortliche Minister von der Nationalversammlung – aber gemäß der Verfassung nicht aus ihren Reihen – durch die öffentliche Abstimmung der freien Männer ernannt werden und daß diese provisorisch die ausführende Gewalt ausüben, solange bis der Volkswille, unser oberster Herrscher und der Eure, sich auf gesetzmäßige Weise durch einen Nationalkonvent ausgesprochen hat, sobald es die Sicherheit des Staates gestatten wird.

Archives parlementaires XLVII, S. 425

Erklärung Huguenins[91] im Auftrag der revolutionären Kommune von Paris 52
gegenüber der Nationalversammlung am 10. August 1792[92]

Hiermit stellen sich die neuen Vertreter des Volkes der Nationalversammlung vor. Die neuen Gefahren des Vaterlandes haben unsere Ernennung bewirkt; die Umstände trugen dazu bei, und unsere Vaterlandsliebe wird uns unserer Ernennung würdig machen. Das Volk, das vier Jahre lang ewiges

---

[89] 1756–1794, Rechtsanwalt, 1791/92 Bürgermeister von Paris, Konventsabgeordneter, stand der Gironde nahe. Floh nach dem 2. Juni 1793, starb auf der Flucht. – In den letzten Julitagen war in der Volksbewegung die Forderung der Absetzung des Königs gereift. Pétion wurde als amtlicher Bürgermeister am 3. August von der Kommune beauftragt, ihre Petition in der Gesetzgebenden Versammlung vorzutragen. Die Petition kam einem Ultimatum an die Legislative gleich. Man setzte ihr eine Frist bis zum 9. August.

[90] In Pillnitz (Sachsen) hatten Kaiser Leopold II. und König Friedrich Wilhelm II. von Preußen am 27. August 1791 eine Erklärung verabschiedet, die dem revolutionären Frankreich mit Interventionen drohte.

[91] 1764–1831, Steuerbeamter, Präsident der Sektion Quinze-Vingts und provisorischer Präsident der revolutionären Kommune.

[92] In der Nacht vom 9. zum 10. August 1792 hatten die von den Pariser Sektionen gewählten Kommissare die legale amtierende Kommune suspendiert und eine „revolutionäre Kommune" gebildet, die den Sturm auf die Tuilerien organisierte und damit den Sturz des Königtums herbeiführte. – Mit dieser Erklärung und im Namen der vom Volk direkt ausgeübten Souveränität zwang die revolutionäre Kommune der Gesetzgebenden Versammlung ihren Willen auf.

Spielzeug der Verrätereien und Intrigen des Hofes und deren schließlich überdrüssig war, hat gespürt, daß die Zeit gekommen war, den Staat am Rande des Abgrundes anzuhalten. Gesetzgeber, jetzt gilt es, das Volk zu unterstützen: Wir kommen hierher in seinem Namen, um uns mit Euch über Maßnahmen des Gemeinwohls zu verständigen...
Mögen die Verräter ihrerseits umkommen. Dieser Tag ist der Triumph der Bürgertugenden. Gesetzgeber, das Blut des Volkes ist geflossen; fremde Truppen, die nur infolge einer neuen Straftat der Regierung in unseren Mauern geblieben waren, haben auf Bürger geschossen. Unsere unglücklichen Brüder haben Witwen und Waisen hinterlassen.
Das Volk, das uns zu Euch schickt, hat uns beauftragt, Euch zu erklären, daß es Euch von neuem sein Vertrauen überträgt, aber es hat uns auch beauftragt, Euch gleichzeitig zu erklären, daß allein das französische Volk, Euer Souverän und der unsrige, in seinen Urwählerversammlungen über die außerordentlichen Maßnahmen zu urteilen befähigt ist, zu denen es durch die Notwendigkeit und den Widerstand gegen die Unterdrückung gebracht worden ist.

Archives parlementaires, XLVII, S. 641

53 **Beschluß der Gesetzgebenden Versammlung über das Wahlrecht zum Nationalkonvent** vom 10. August 1792

Da die Nationalversammlung in dem Augenblick, in dem sie feierlich den Schwur auf Freiheit und Gleichheit abgelegt hat, an diesem Tag die Anwendung eines für das Volk ebenso heiligen Grundsatzes sicherstellen will, verfügt sie, daß in Zukunft und vor allem für die Bildung des kommenden Nationalkonvents jeder französische Bürger, der 25 Jahre alt ist, seit einem Jahr einen festen Wohnsitz inne hat und von dem Ertrag seiner Arbeit lebt, berechtigt sein wird, in den Gemeindeversammlungen und in den Urwählerversammlungen mitabzustimmen, so wie jeder andere aktive Bürger und ohne irgend welchen Unterschied.

Le Moniteur XIII, S. 382

54 **Dantons[93] Aufruf zum revolutionären Volkskrieg – Rede vor der Gesetzgebenden Versammlung[94]** am 2. September 1792

Die Minister des freien Volkes, meine Herren, erfüllt es mit rechter Befriedigung, daß sie ihm ankündigen können, das Vaterland werde bald gerettet sein.

---

[93] 1759–1794, Rechtsanwalt, nach dem 10. August 1792 Justizminister, Konventsabgeordneter, organisierte den revolutionären Patriotismus. Als Führer der „Nachsichtigen", die in eine Korruptionsaffäre verwickelt waren, am 5. April 1794 hingerichtet.

[94] In Paris hatte die Nachricht von der Einschließung der Festung Verdun durch die Invasionstruppen große Unruhe ausgelöst. Die Sturmglocke wurde geläutet, die Freiwilligen sammelten sich zum Abmarsch an die Front.

Abb. 12. Hundert Livres Leibrente. Anonymes Flugblatt Sommer 1792. Mit ihm wurden Soldaten der preußisch-österreichischen Armeen zum Übertritt in die französische Volksarmee aufgefordert. Zahlreiche Soldaten leisteten der Aufforderung Folge. Die Überläufer wurden in die „germanische Legion“ aufgenommen, die von September 1792 bis Juni 1793 bestand.

Alle Menschen sind voller Erregung, und alle brennen darauf zu kämpfen. Euch ist bekannt, daß Verdun noch nicht in der Hand der Feinde ist. Euch ist bekannt, daß die Garnison gelobt hat, sie werde den ersten, der vorschlüge, sich zu ergeben, umbringen.

Ein Teil des Volkes begibt sich sogleich an die Grenzen, ein anderer Teil gräbt Befestigungsanlagen, und der dritte wird das Innere unserer Städte mit Piken verteidigen.

Paris wird diese großen Anstrengungen unterstützen.

Die Kommissare der Pariser Kommune werden jetzt gleich die Bürger feierlich dazu aufrufen, sich zu bewaffnen und zur Verteidigung des Vaterlandes aufzubrechen.

In diesem Augenblick könnt Ihr erklären, daß die Hauptstadt sich um Frankreich wohl verdient gemacht hat. In diesem Augenblick wird die Nationalversammlung zu einem wahren Kriegskomitee. Wir verlangen, daß Ihr mit uns zusammenwirkt, um diese erhabene Volksbewegung dadurch zu lenken, daß Ihr Kommissare ernennt, die uns bei diesen großen Maßnahmen helfen werden.

Wir verlangen, daß jeder, der sich weigert, persönlich Kriegsdienst zu leisten oder seine Waffen für den Krieg abzuliefern, mit dem Tode bestraft wird. Wir verlangen, daß die Bürger militärisch ausgebildet werden. Wir verlangen, daß Kuriere in alle Departements entsandt werden, um sie von den von Euch erlassenen Verordnungen zu unterrichten. Die Sturmglocke, die man jetzt erschallen läßt, ist kein Alarmzeichen; sie ruft zum Angriff auf die Feinde des Vaterlands. Um sie zu besiegen, meine Herren, brauchen wir Kühnheit und wieder Kühnheit, immerfort Kühnheit, und Frankreich ist gerettet.

Danton, Discours, hrsg. von A. Fribourg. Paris 1910. S. 171–173

55 **Rundschreiben des Pariser Überwachungsausschusses zur Rechtfertigung des Terrors als Volksjustiz**[95] vom 3. September 1792

Die Kommune von Paris beeilt sich, ihren Brüdern in allen Departements mitzuteilen, daß ein Teil der in den Gefängnissen verwahrten wilden Verschwörer durch das Volk zum Tode gebracht worden ist: Akte der Justiz, die ihm unumgänglich erschienen, um in dem Augenblick, da es gegen den Feind marschieren wollte, die Legionen der in seinen Mauern verborgenen Verräter durch den Schrecken zurückzuhalten. Und ohne Zweifel wird die ganze Nation nach der langen Reihe von Verrätereien, die sie an den Rand des Verderbens gebracht haben, sich beeilen, dieses so notwendige Mittel der öffentlichen Wohlfahrt anzunehmen, und wie die Pariser werden alle Franzosen rufen: „Wir marschieren gegen den Feind, aber wir lassen keine Räuber hinter uns, um unsere Frauen und Kinder zu erwürgen."

Mortimer-Ternaux, Histoire de la Terreur. 8 Bände. Paris 1863–1881. III, S. 308

56 **Der Nationalkonvent in seiner ersten Sitzung** vom 21. September 1792[96]

Die Konvent beschließt, daß das Königtum in Frankreich für immer abgeschafft ist.

---

[95] Als am 1. September 1792 die Freiwilligen zur Verteidigung des Vaterlandes antraten, machte sich Furcht vor Verrat im Innern breit. In einer spontanen Massenaktion wurden zwischen dem 2. und 6. September Hunderte von Gefangenen vor improvisierte Volksgerichte gestellt und hingerichtet. Von den Opfern (zwischen 1100 und 1500) waren nur ein Drittel politische Gefangene. Die Behörden haben nicht eingegriffen. – Der Überwachungsausschuß wurde am 11. August 1792 eingerichtet, Marat gehörte ihm seit dem 2. September an. Das Rundschreiben rechtfertigt den revolutionären Terror vor der Provinz. Dort war es gleichzeitig zu ähnlichen spontanen Aktionen gekommen. Aus der Furcht vor der Gegenrevolution geboren, endete die erste Terror-Welle mit dem Sieg der revolutionären Truppen bei Valmy, der die Kriegssituation zugunsten der Revolution veränderte und die Furcht auslöschte.

[96] Unter dem Eindruck des 10. August 1792 (Q 52) hatte sich die Gesetzgebende Versammlung aufgelöst und Wahlen zu einem Nationalkonvent nach allgemeinem Wahlrecht ausgeschrieben (Q 53). Bei den Ausführungsbestimmungen vom 11. und 19. August 1792 setzten allerdings die gemäßigten Republikaner ein Zweistufenwahlrecht durch. Die soziale Zusammensetzung des Konvents blieb denn auch etwa die der Gesetzgebenden Versammlung. Nur zwei Arbeiter gehörten ihr an.

Abb. 13. Dokumente der Volksbewegung und der Volkskunst. a) Mitgliedsausweis der Sektion Wilhelm Tell. Losungen: Es lebe die eine und unteilbare Republik oder Tod! – Freiheit, Gleichheit, Gerechtigkeit, Wohltätigkeit, Menschlichkeit, Rechtschaffenheit. Auf dem Bild erkennt man die Apfelschußszene aus der Wilhelm-Tell-Legende. b) Tabakdose mit der Inschrift „Es lebe die Nation und der gute Tabak!" Zahlreiche Gegenstände des täglichen Lebens wurden mit naiven Revolutionsdarstellungen geschmückt.

Jacques Brissot[97]: Das Volk will es![98], veröffentlicht in seiner Zeitung „Le Patriote français" am 22. September 1792 **57**

Wer hätte das gedacht vor einem halben Jahr, als eine verderbte Partei[99] das Volk noch unter dem Joch eines Tyrannen festhielt! Selbst bei den Jakobinern war damals das Wort Republik geächtet. Doch wir müssen diese traurigen Zeiten vergessen. Das Königtum ist jetzt abgeschafft, und Frankreich ist und bleibt eine Republik, das Volk will es, und man muß es zu seinem Ruhm sagen, es wollte es seit dem letzten Jahr. Unter ihm fand der Republikanismus seine eifrigsten Anhänger. Und warum? Weil das Volk am meisten Ehrlichkeit, am meisten guten Sinn, am wenigsten Vorurteile und weniger Eigensucht hat als die anderen Klassen. Das Volk sah seinen König in der Nähe, es sah ihn im Schmutz, verächtlich und verachtet, und sein eigener Vorteil sagte ihm, daß ein so verächtliches Wesen für eine Regierung weder nützlich noch nötig sein kann und daß fortan ein Erbkönig nur entweder ein Schwächling oder ein Narr oder ein Tyrann sein könnte, daß das Erbkönigtum also not-

[97] Vgl. Anm. 79.
[98] Nach dem 10. August 1792 schwankten die Girondisten noch in der Frage des Königtums; sie zögerten die Entscheidung über Ludwig XVI. hinaus. Sie hofften noch, ein Wahlkönigtum an die Stelle des erblichen zu setzen.
[99] Gemeint sind die Feuillants. Vgl. Anm. 108.

wendigerweise an und für sich ein Unsinn ist, daß man also einen Erbkönig nicht behalten kann, nicht behalten darf. Das Volk sagte sich: Entweder tut ein solcher König etwas, oder er tut nichts. Tut er etwas, so ist es etwas Schlechtes, und er ist schädlich; tut er nichts, so ist er unnütz; jedenfalls muß man ihn beseitigen. Was das Volk dachte, das hat der Konvent getan, die Franzosen sind jetzt endlich Männer und sind Franken.

Histoire parlementaire XIX, S. 20/21

VI. Republik und Jakobinerherrschaft

Der Konvent vertrat die breiten Mittelschichten der Bevölkerung; sogar zwei Arbeiter gehörten ihm an. Im Verlauf seiner dreijährigen Geschichte trug er unterschiedliche Gruppen an die Macht. In seiner ersten Phase bis Ende Mai 93 wurde er beherrscht von einem Flügel der Jakobiner um Brissot, von der sogenannten „Gironde", die im Oktober 92 aus dem Klub ausgeschlossen wurde. Sie bildete die Rechte im Konvent. Die Abgeordneten der Mitte nannte man den Sumpf, die Linke bildeten die Jakobiner um Robespierre, Bergpartei genannt, weil sie auf den oberen Bänken des Konvents saßen.
In den ersten Monaten stellten sich mehrere ernste Probleme. Als erstes mußte über das Schicksal des Königs entschieden werden, dessen Verrat inzwischen durch den Fund seiner geheimen Dokumente erwiesen war. In dieser Frage siegte die Bergpartei über die schwankende Gironde: Dem König wurde der Prozeß gemacht, er wurde zum Tode verurteilt und guillotiniert.
Gleichzeitig stellte sich das Problem des Krieges, der die französischen Armeen über die Grenzen geführt hatte. Sollte man die Gründung unabhängiger Republiken betreiben oder vielmehr einen Schutzgürtel von „Schwesterrepubliken" schaffen, was mehr oder weniger auf Annexion hinauslief? In dem einen Fall unterstützte man revolutionäre Bewegungen im Ausland, in dem anderen Fall dachte man mehr an die eigenen Interessen. Das Problem sollte im Laufe der weiteren Kriege wiederholt auftreten. Immer wieder hat letztlich das Eigeninteresse Frankreichs die Oberhand gewonnen. Mit dem Leitspruch „Friede den Hütten, Krieg den Palästen!", den der Finanzminister prägte, wurde der Tatbestand verschleiert, daß es Frankreich darum ging, seine Kriegskosten durch das eroberte Ausland aufbringen zu lassen. Diese Politik Frankreichs hat den revolutionären Bewegungen im Ausland – auch der Mainzer Republik – wenig Chancen gelassen.
Anfang 1793 spitzte sich die wirtschaftliche Lage im Inneren Frankreichs und vor allem in Paris zu; die Inflation trieb die Preise hoch, es gab Versorgungsschwierigkeiten. Das führte zur Konfrontation der Gironde mit den Sansculotten, die staatliche Maßnahmen zur Linderung der Not forderten. Als Anhänger der Wirtschaftsfreiheit und als Gegner der Anarchie, die nach ihrer Auffassung die Volksbewegung verkörperte, leistete die Gironde Widerstand. Die Krise spitzte sich zu, als sich die militärische Lage verschlechterte, der General Dumouriez Verrat übte und sich zugleich im Inneren des Landes eine Bürgerkriegsfront in der Vendée auftat. Die Revolution war erneut in höchster Gefahr, Frankreich war von allen Seiten bedroht.
In dieser Situation wurde die Gironde von der Volksbewegung und den mit ihr verbundenen Jakobinern gestürzt. Der Konvent trat in seine robespierristische Phase, die von der Wahl Robespierres in den Wohlfahrtsausschuß im Juli 93 bis zu seinem Sturz im Juli 94 dauerte. In diesen 12 Monaten wurde Bedeutendes geleistet. So wurde die vollständige Abschaffung der Feudalrechte beschlossen, womit die Bauern endlich befriedigt wurden. Der Konvent verabschiedete vor allem eine demokratische Verfassung, die allerdings „bis zum Friedensschluß" ausgesetzt wurde.
Angesichts der Ausnahmesituation des gefährdeten Frankreich regierten die Jakobiner unter Robespierre mit außergewöhnlichen Mitteln. Die politische Macht

ging in die Hände des Wohlfahrtsausschusses über, der sich auch des Sicherheitsausschusses und des Revolutionstribunals bediente. So entstand eine kollektive revolutionäre Diktatur, die „Revolutionsregierung", deren Prinzipien Terror und Tugend waren und die die Republik retten sollte.
Diesen Auftrag haben die Robespierristen erfüllt. Sie haben eine Armee neuen Typs geschaffen, die sich auf die allgemeine Wehrpflicht und die politische Motivation der Soldaten und Offiziere stützte. Und diese Armee hat innerhalb weniger Monate die Revolten im Inneren niedergeschlagen, Ende Juni 1794 den Sieg über die Österreicher davongetragen und Belgien zurückerobert. Zugleich betrieben die Robespierristen eine konsequente Kriegswirtschaft, ergriffen Maßnahmen der Wirtschaftslenkung, führten eine strenge Preis- und Lohnkontrolle ein und stabilisierten so den Geldwert.
Nach der Ausschaltung der Gironde zerbrach allerdings das Bündnis zwischen der Volksbewegung und den Jakobinern, auf das sich diese seit dem Sommer 1792 gestützt hatten. Die Robespierristen gingen daran, die politischen Aktivitäten der Volksbewegung zu kontrollieren und einzuschränken. Ihnen lag an der Zentralisierung der Macht, und sie dachten nicht daran, irgendeine unabhängige politische Kraft zu dulden. Die Sansculotten, die sich als souveränes Volk verstanden, das seine Abgeordneten kontrollieren durfte, da es seine Macht nur delegierte, rückten zunehmend von den Jakobinern ab. Hinzu kam, daß die Einführung eines Lohnmaximums von den Sansculotten abgelehnt wurde.
Ein weiterer Grund der Entfremdung zwischen Volksbewegung und Robespierristen war deren Widerstand gegen die Entchristlichungsbewegung, die im Winter 93/94 entflammte. Ausgegangen war sie von der Einführung einer neuen Zeitrechnung und eines neuen Kalenders, aus dem alle römisch-katholischen Bezeichnungen sowie der Sonntag getilgt waren. Aber die Entchristlichung führte zu heftigen Angriffen auf die Kirche und drohte die Nation in neue Konflikte zu verstricken. Die Robespierristen unterdrückten sie daher und verfolgten alle diejenigen, die sich rechts oder links ihrer Politik entgegenstellten. Nachdem sie die Ultra-Revolutionäre hingerichtet hatten, ließen sie auch die „Nachsichtigen" (indulgents) guillotinieren. Die Konventsabgeordneten mußten fürchten, als Verdächtige kurzerhand verhaftet zu werden. Als die revolutionäre Armee bei Fleurus über die Österreicher gesiegt hatte, war der Moment gekommen, in dem der Konvent nicht mehr bereit war, den Terror zu tolerieren. Er stürzte Robespierre und seine Anhänger, ließ sie verhaften und tags darauf hinrichten, ohne daß sich die Volksbewegung noch gerührt hätte.

58 **Louis de Saint-Just[100]: Richtet den König, den Tyrannen!** Rede im Nationalkonvent am 13. November 1792

... Ich sage, der König muß als Feind gerichtet werden; wir haben ihn weniger zu richten als zu bekämpfen...
Eines Tages wird die Menschheit, wenn sie von unseren Vorurteilen so weit

[100] 1767–1794. Die erste Rede des 25jährigen machte im Konvent starken Eindruck und war Ausgangspunkt seines steilen Aufstiegs. Am 30. Mai 1793 wurde er in den Wohlfahrtsausschuß gewählt. An der Seite Robespierres wurde er zum Theoretiker der Revolutionsregierung. Im Kampf gegen die Flügelfraktionen, die Dantonisten wie die Hébertisten, spielte er eine wichtige Rolle. Er wurde mit Robespierre am 10. Thermidor hingerichtet.

entfernt ist wie wir von denen der Vandalen, erstaunen über die Barbarei eines Jahrhunderts, in dem man sich ein Gewissen daraus machte, einen Tyrannen zu richten, in dem das Volk, das einen Tyrannen zu richten hatte, ihn erst zum Rang eines Bürgers erhob, ehe es seine Verbrechen prüfte. Man wird erstaunen darüber, daß man im 18. Jahrhundert weniger fortgeschritten war als zur Zeit Cäsars: der Tyrann wurde geschlachtet mitten im versammelten Senat, ohne andere Förmlichkeiten als 22 Dolchstiche, ohne andere Gesetze als die Freiheit Roms. Und heute scheut man sich, einem Mann den Prozeß zu machen, der der Mörder eines Volkes, der ergriffen worden ist auf frischer Tat, die Hand im Blut, die Hand im Verbrechen!...
In einer anderen Zeit würde manche edle Seele sagen, einem König muß der Prozeß gemacht werden, nicht wegen der Verbrechen seiner Verwaltung, sondern wegen des Frevels, daß er überhaupt König war; denn diese Anmaßung kann nichts auf der Welt rechtfertigen; und mit welchen Selbsttäuschungen, mit welchen Gewohnheitslügen sich das Königtum verkleiden mag, es bleibt ein ewiges Verbrechen, gegen das jeder Mensch das Recht hat, sich zu erheben und zu bewaffnen, es ist eines jener Attentate, die selbst die Verblendung eines ganzen Volkes nicht rechtfertigen kann. Solch ein Volk begeht durch das Beispiel, das er gegeben hat, ein Verbrechen gegen die Natur ... Man kann nicht herrschen und dabei schuldfrei sein, der Aberwitz ist offenbar. Jeder König ist Rebell und Usurpator. – So eilt denn, den König zu richten; denn jeder Bürger hat dasselbe Recht auf ihn wie Brutus auf Cäsar.

Histoire parlementaire XX, S. 329 ff.

Maximilien Robespierre[101]: Ludwig muß sterben! Rede im Nationalkonvent am 3. Dezember 1792 **59**

Hier ist kein Prozeß zu führen. Ludwig ist kein Angeklagter, Ihr seid keine Richter. Ihr seid nur Staatsmänner und Vertreter der Nation und könnt nichts anderes sein. Ihr habt kein Urteil für oder gegen einen Menschen zu fällen, sondern eine Maßnahme der öffentlichen Wohlfahrt zu treffen, einen Akt nationaler Vorsehung zu vollziehen. Was schreibt eine gesunde Politik vor, um die werdende Republik zu stärken? Den Herzen einen tiefen Abscheu vor dem Königtum einzuflößen und alle Anhänger des Königs in Betäubung zu versetzen! Wohlan, wenn man statt dessen der Welt sein Verbrechen wie eine Streitfrage, seine Sache als einen Gegenstand der feierlichsten, ernstesten, schwierigsten Verhandlung darstellt, die die Vertreter des französischen Volkes beschäftigen kann, und zwischen die Erinnerung an das, was er war, und die Würde eines Bürgers eine unendliche Entfernung legt, dann hat man gerade das Zaubermittel gefunden, um ihn der Freiheit noch gefährlicher zu

[101] Vgl. Anm. 67. Nach dieser Rede Robespierres, der – wie Saint-Just – mehr für den Tod Ludwigs als für den Prozeß plädierte, verloren die Girondisten, die den König retten wollten, an Boden, und der Konvent beschloß, Ludwig den Prozeß zu machen. Die Sansculotten bereiteten Robespierre daraufhin einen Triumphzug.

machen. Ludwig war König, und die Republik ist begründet worden. Die berühmte Frage, die Euch beschäftigt, ist entschieden durch die beiden Worte: Ludwig wurde entthront durch seine Verbrechen; Ludwig klagte das französische Volk als Rebellen an; um es zu züchtigen, hat er die Waffen der Tyrannen, seiner Mitbrüder, herbeigerufen. Der Sieg und das Volk haben entschieden, daß er der Rebell war. Der König kann also nicht gerichtet werden, denn er ist schon verurteilt. Er ist verurteilt, oder aber die Nation ist nicht freigesprochen... Wenn Ludwig tatsächlich noch Gegenstand eines Prozesses sein kann, so kann er auch freigesprochen werden, er kann unschuldig sein; was sage ich? Er wird als unschuldig angenommen, bis er gerichtet ist. Wenn aber Ludwig als unschuldig angenommen werden kann, was wird dann aus der Revolution? Ist sie dann nicht noch in Ungewißheit und Zweifel? Wenn Ludwig unschuldig ist, werden alle Verteidiger der Freiheit zu Verleumdern, und die Rebellen waren die Freunde der Wahrheit und die Verteidiger der unterdrückten Unschuld; alle Manifeste der fremden Höfe sind nur gerechte Beschwerden gegen die Gewaltherrschaft einer Partei; die Haft sogar, die Ludwig bisher erlitten hat, ist eine ungerechte Quälerei; das Volk von Paris, alle Patrioten des französischen Reiches sind strafbar, und der große Prozeß, der vor dem Gerichtshof der Natur anhängig ist zwischen Verbrechen und Tugend, Freiheit und Tyrannei ist endlich entschieden zugunsten des Verbrechens und der Tyrannei... Was mich angeht, so verabscheue ich die Todesstrafe, und für Ludwig habe ich weder Haß noch Liebe; nur seine Missetaten hasse ich... Aber ein entthronter König im Schoße einer Revolution, die noch weit davon entfernt ist, durch gerechte Gesetze verankert zu sein, ein König, dessen Name allein schon die Geißel des Krieges auf die erregte Nation herabbeschwört: dessen Dasein kann weder durch Haft noch Verbannung für das öffentliche Wohl gleichgültig werden. Mit Schmerz spreche ich die verhängnisvolle Wahrheit aus: es ist besser, daß Ludwig stirbt, als daß 100 000 tugendhafte Bürger umkommen: Ludwig muß sterben, weil das Vaterland leben muß.

Histoire parlementaire XXI, S. 162/163

60 Finanzminister Joseph Cambon[102]: Krieg den Schlössern, Friede den Hütten!

Bericht über das Verhalten der Generale in den besetzten Gebieten, am 15. Dezember 1792 im Konvent verlesen

Was ist das Ziel dieses Krieges? Ohne Zweifel die Vernichtung aller Vorrechte. Krieg den Schlössern, Friede den Hütten! Von diesen Grundsätzen seid Ihr ausgegangen, als Ihr den Krieg erklärtet: Alles, was bevorrechtigt, alles, was Tyrann ist, muß in den Ländern, in die wir einmarschieren, als Feind behandelt werden... Wie haben wir uns bisher verhalten? Die Generäle, die in

[102] 1756–1820, Kaufmann, Mitglied der Gesetzgebenden Versammlung, des Konvents und des Wohlfahrtsausschusses, einer der Organisatoren des 9. Thermidor.

Feindesland eindrangen, fanden dort die Tyrannen und ihre Schergen vor; der Mut der freien Franzosen hat beide in die Flucht geschlagen; sie sind als Sieger und Brüder in die Städte eingezogen. Sie haben den Völkern erklärt: Ihr seid frei, aber sie haben es bei den Worten belassen... General Dumouriez[103] hat in Belgien bisher alles geschont, Adlige, Vorrechte, Frondienste, Feudalität usw. Alles ist noch auf dem alten Fuß. Alle Vorurteile herrschen noch in diesem Land, und das Volk ist nichts. Das heißt, wir haben ihm versprochen, es glücklich zu machen, es von seinen Unterdrückern zu befreien, aber wir haben es bei den Worten belassen. Das Volk, von Priester- und Adelsherrschaft geknechtet, hat allein nicht die Kraft gehabt, seine Fesseln zu zerbrechen, und wir haben ihm nicht geholfen, sie abzustreifen... Da die Völker, denen die Armeen der Republik die Freiheit gebracht haben, nicht genug Erfahrung haben, um ihre Rechte zu verankern, müssen wir uns zur revolutionären Macht erklären und das alte Gesellschaftssystem zerstören, das sie knechtet. ...Wo wir in Feindesland eindringen, müssen wir die Sturmglocke läuten. Läuteten wir sie nicht, sprächen wir nicht feierlich die Absetzung der Tyrannen und Privilegierten aus, so wäre das durch den Despotismus gebeugte Volk nicht stark genug, seine Ketten zu sprengen; es würde sich nicht zu erheben wagen, und wir gäben ihm nur Hoffnungen, aber keinen wirklichen Beistand...

Archives parlementaires LV, S. 70

Romain de Sèze[104] verteidigt den König. Rede vor dem Nationalkonvent am 26. Dezember 1792 **61**

Nehmt Euch in acht; nehmt Ihr Ludwig die Unverletzlichkeit des Königs, so seid Ihr ihm wenigstens die Rechte des Bürgers schuldig; denn Ihr könnt nicht bewirken, daß Ludwig aufhört, König zu sein, wenn Ihr erklärt, ihn richten zu wollen, und daß er wieder König wird in dem Augenblick, da ihr das Urteil sprecht. Wollt Ihr nun aber Ludwig als König richten, dann frage ich Euch: Wo sind die schützenden Formen, die jeder Bürger kraft unveräußerlichen Rechtes verlangen kann? Ich frage Euch: Wo ist jene Teilung der Gewalten, ohne die weder Verfassung noch Freiheit möglich ist? Ich frage Euch: Wo sind die Geschworenen für Anklage und Urteil, die den Bürgern durch das Gesetz als Geiseln zum Schutz ihrer Sicherheit und Unschuld gegeben sind?... Mit einem Wort, ich frage Euch: Wo sind alle jene strengen Vorkehrungen, die das Gesetz bestimmt hat, damit der Bürger, selbst wenn er schul-

[103] 1739–1823, General, 1792 Außen- und Kriegsminister, 1793 Oberkommandierender der Nordarmee. Ging nach mehreren Niederlagen im April 1793 zum Feind über.

[104] 1748–1828, Rechtsanwalt aus Bordeaux, einer der Verteidiger des Königs vor dem Konvent. Dieser hatte die prozessualen Formen wahren wollen; der König war verhört worden. Beweisstücke gegen ihn waren vor allem seine privaten Papiere, die in einem Panzerschrank der Tuilerien gefunden worden waren und die seine geheimen Kontakte zu den fremden Mächten dokumentierten. – Das Urteil wurde durch namentliche Abstimmung zwischen dem 15. und 19. Januar 1793 gefällt. Am 21. Januar wurde es vollstreckt.

dig ist, nur durch das Gesetz getroffen wird? Bürger, ich spreche mit der Offenheit eines freien Mannes: Ich spähe unter Euch nach Richtern und bekomme nur Ankläger zu Gesicht. Ihr wollt richten über Ludwig und seid selbst seine Ankläger! Ihr wollt richten über Ludwig und habt Euer Urteil schon ausgesprochen! ... Ludwig soll weder die Rechte des Bürgers noch die Vorrechte des Königs haben! Er soll weder in der alten noch in der neuen Rechtsstellung geachtet werden! Welch absonderliches und unbegreifliches Geschick!

Histoire parlementaire XXII, S. 17–19

62 Bericht zweier Flüchtlinge aus Saint-Pierre-de-Chemillé in der Vendée[105]

Am Mittwoch dem 13. März 1793 erschien um 5 Uhr nachmittags in dem Städtchen Saint-Pierre eine zahlreiche Bande von Männern, die mit Gewehren, Stangen, Mistgabeln und Sensen bewaffnet waren, alle weiße Kokarden trugen und mit kleinen quadratischen Abzeichen aus Tuch geschmückt waren, auf die verschiedene Muster gestickt waren, z. B. Kreuze, von Piken durchbohrte Herzen und andere Zeichen dieser Art. Alle diese Burschen schrieen: „Lang lebe der König und unsere guten Priester! Wir wollen unseren König, unsere Priester und die alte Ordnung wiederhaben." Und sie wollten alle Patrioten umbringen, besonders uns beide. Die ganze Bande, die erschreckend zahlreich war, stürzte sich auf die Patrioten, die sich zusammengeschart hatten, um Widerstand zu leisten. Sie töteten viele, machten viele Gefangene und trieben den Rest auseinander.

Archives départementales, Maine-et-Loire. K 1018

63 Der rheinisch-deutsche Nationalkonvent in Mainz für Anschluß an die französische Republik, 21. März 1793[106]

Nachdem der rheinisch-deutsche Nationalkonvent in Erwägung gezogen, daß die unter dem 18. März dekretierte Unabhängigkeit des neuen zwischen Landau und Bingen am Rhein gelegenen deutschen Freistaats nur unter dem Schutz der Frankenrepublik und mit Hilfe ihrer siegreichen Waffen errungen werden konnte und daß alle Bande der Freundschaft, der Dankbarkeit und des wahren gegenseitigen Vorteils beide Nationen zu einer brüderlichen und

[105] In der Vendée, einer Landschaft an der Atlantikküste südlich der Loiremündung, brach am 11. März 1793 eine royalistische Rebellion aus, die Bauern, Adel und eidverweigernde Priester vereinte. Anlaß war die Aushebung der 300000 Mann, gegen die sich die Bauern auflehnten. Der Bürgerkrieg, der weite Gebiete von Bretagne, Anjou und Poitou erfaßte, wurde erst 1796 nach blutigen Kämpfen niedergeschlagen.

[106] Im Oktober 1792 waren die französischen Revolutionstruppen bis an den Rhein vorgedrungen, hatten Speyer, Worms, Mainz und Frankfurt am Main besetzt. Die Bevölkerung begrüßte sie als Befreier. In Mainz wurde am 23. Oktober 1792 ein Jakobinerklub gegründet und unter dem französischen Schutz die erste demokratische Republik auf deutschem Boden errichtet. Am 23. Juli 1793 kapitulierte Mainz jedoch vor der preußischen Armee.

unzertrennlichen Vereinigung auffordern, so dekretiert derselbe einmütig: Daß das rheinisch-deutsche freie Volk die Einverleibung in die fränkische Republik wolle und bei derselben darum anhalte und daß zu dem Ende eine Deputation aus der Mitte dieses rheinisch-deutschen Nationalkonvents ernannt werden solle, um diesen Wunsch dem fränkischen Nationalkonvent vorzutragen.

Mainz zwischen Rot und Schwarz, hrsg. v. P. Träger. Berlin 1963, S. 464

Pierre-Victurnien Vergniaud[107]: Verteidigungsrede für die Gironde im Konvent am 10. April 1793 **64**

Robespierre klagt uns an, wir seien plötzlich zu Gemäßigten, zu Feuillants[108] geworden. Wir, Gemäßigte? Am 10. August[109], Robespierre, als Du Dich im Keller verborgen hattest, da war ich kein Gemäßigter. Nein, ich bin es nicht in dem Sinne, daß ich die nationalen Energien ersticken möchte... Aber wenn man sich unter dem Vorwand der Revolution, um als Patriot zu erscheinen, zum Schutzherrn von Mord und Raub erklären muß, dann bin ich ein Gemäßigter! Seit der Abschaffung des Königtums habe ich viel von Revolution reden hören. Ich habe mir gesagt, es sind nur noch zwei möglich: Die Revolution der Besitzverhältnisse oder das Agrargesetz[110] und die andere, die uns zum Despotismus zurückführen würde. Ich habe mich verpflichtet, gegen die eine und gegen die andere zu kämpfen. Ich habe auch viel davon reden hören, daß man das Volk zum Aufstand bringen müsse, und darüber habe ich, ich gebe es zu, gestöhnt... Was kann das Ziel des Aufstands sein? Die Ausübung der Souveränität, die doch der Volksvertretung anvertraut ist, in die Republik zu verlagern. Also wollen die, die von Aufstand sprechen, die Volksvertretung vernichten, d.h., sie wollen die Ausübung der Souveränität einer kleinen Anzahl von Menschen oder einem einzigen Bürger übertragen. Sie wollen also eine Adelsregierung begründen oder das Königtum wiederherstellen. In beiden Fällen betreiben sie eine Verschwörung gegen die Republik

---

[107] 1753–1793, führender Girondist. Von Anfang 1792 bis Ende Mai 1793 beherrschte die Gironde die Politik. Seit Sommer 1792 war sie wachsender Kritik seitens der linken Jakobiner und der Volksbewegung ausgesetzt, die ihr Unfähigkeit in der Kriegführung, eine Wirtschaftspolitik zugunsten der Besitzenden und zweideutige Haltung gegenüber der Monarchie vorwarfen. Am 2. Juni 1793 gestürzt, wurden die führenden Männer der Gironde hingerichtet; der Großteil der girondistischen Abgeordneten überlebte im Gefängnis den 9. Thermidor und trat danach wieder in die Politik ein.

[108] Nach dem Versammlungsort im Kloster der Feuillants benannter revolutionärer Klub, Sammelpunkt des liberalen Adels und des Großbürgertums. Die Feuillants wollten die Revolution mit der Verfassung von 1791 beenden. In der Gesetzgebenden Versammlung hatten sie die Rechte gebildet.

[109] Vgl. Q 52.

[110] Am 18. März 1793 beschloß der Konvent einstimmig die Todesstrafe für Befürworter des Agrargesetzes, d.h. einer die soziale Gleichheit anstrebenden Umverteilung des Eigentums. Die Idee hatte mit der wachsenden Not der Volksmassen infolge von Inflation, Krieg, schlechten Ernten immer mehr Anklang gefunden.

und die Freiheit. Und wenn man ihnen zustimmen muß, um als Patriot zu gelten, oder als Gemäßigter gilt, wenn man sie bekämpft, dann bin ich ein Gemäßigter. ... Es ist ständig von schrecklichen Maßnahmen, von revolutionären Maßnahmen gesprochen worden. Ich wollte sie auch, diese schrecklichen Maßnahmen, aber allein gegen die Feinde des Vaterlands... Ich wollte Strafen, keine Ächtungen... Man hat versucht, die Revolution durch den Schrekken zu vollenden, ich aber möchte sie durch die Liebe vollenden...

Le Moniteur XVI, S. 118 ff.

65 a **Die Verfassung der Französischen Republik vom 24. Juni 1793,** beschlossen vom Nationalkonvent[111]

Erklärung der Menschen- und Bürgerrechte

Art. 1. Das Ziel der Gesellschaft ist das Gemeinwohl. Aufgabe der Regierung ist es, dem Menschen den Genuß seiner unverjährbaren Naturrechte zu gewährleisten.
Art. 2. Diese Rechte sind Gleichheit, Freiheit, Sicherheit, Eigentum.
...
Art. 5. Alle Bürger haben in gleicher Weise Zugang zu den Beamtenstellen. Freie Völker kennen bei deren Wahl keinen anderen Vorzug als Tugenden und Begabung.
...
Art. 7. Das Recht, seinen Gedanken und Meinungen durch die Presse oder auf jede andere Weise Ausdruck zu geben, das Recht, sich friedlich zu versammeln, und die freie Ausübung von Gottesdiensten können nicht untersagt werden.
Die Notwendigkeit, diese Rechte deutlich auszusprechen, setzt die Präsenz des Despotismus oder die frische Erinnerung daran voraus.
...
Art. 9. Das Gesetz soll die Freiheit im Staat und die Freiheit des einzelnen Menschen gegen Unterdrückung durch die, die regieren, schützen.
...
Art. 11. Jede Handlung, die gegen einen Menschen außerhalb der von den Gesetzen festgelegten Fälle und ohne die gesetzlich vorgeschriebenen Formen verübt wird, ist willkürlich und tyrannisch; derjenige, gegen den man sie mit Gewalt ausführen will, hat das Recht, sie mit Gewalt abzuwehren.

[111] Diese Verfassung wurde am 24. Juni 1793 vom Konvent angenommen. Gegenüber der Verfassung von 1791 bedeutet sie einen Zuwachs an Demokratie. Hier wird nicht nur formale Demokratie garantiert, sondern auch soziale Gleichheit (s. Art. 21 Recht auf Arbeit), ohne daß jedoch die Wirtschaftsfreiheit angetastet würde. – Das Inkrafttreten der Verfassung wurde bis zum Friedensschluß aufgeschoben. Aber mit dem Sturz der Robespierristen war auch das Schicksal dieser Verfassung besiegelt. – 1848 haben die revolutionären Sozialisten die Verfassung von 1793 als Vorbild genommen.

Abb. 14. Appell des Konvents. Maueranschlag des Konvents 1793. „Der Nationalkonvent erinnert alle Bürger und Beamten daran, daß Gerechtigkeit und Rechtschaffenheit in der französischen Republik auf der Tagesordnung stehen."

...

Art. 15. Das Gesetz soll nur unbedingt und deutlich notwendige Strafen verfügen; diese sollen dem Vergehen entsprechen und der Gesellschaft nützlich sein.

...

Art. 17. Keinerlei Art von Arbeit, Erwerb und Handel kann den Bürgern in ihrer wirtschaftlichen Betätigung untersagt werden.

Art. 18. Jeder Mensch kann sich mit seinen Dienstleistungen und seiner Zeit verpflichten, aber er kann sich nicht verkaufen und auch nicht verkauft werden. Seine Person ist kein veräußerliches Eigentum. Das Gesetz erkennt keinerlei Dienstbarkeit an; zwischen dem Menschen, der arbeitet, und dem, der ihn beschäftigt, kann es nur eine Vereinbarung über die Dienstleistungen und die Entschädigung dafür geben.[112]

Art. 19. Niemand kann ohne seine Einwilligung des geringsten Teils seines Besitzes beraubt werden, wenn es keine öffentliche, auf gesetzmäßige Weise festgestellte Notwendigkeit erfordert und unter der Bedingung einer gerechten und vorher festgesetzten Entschädigung.

Art. 21. Die öffentliche Unterstützung ist eine heilige Schuld. Die Gesellschaft muß für den Unterhalt der unglücklichen Bürger sorgen, entweder dadurch daß sie ihnen Arbeit verschafft oder dadurch daß sie denen, die nicht arbeiten können, die Unterhaltsmittel zur Verfügung stellt.

[112] Zu beachten, daß dieser Artikel die Abschaffung der Sklaverei einschließt.

Art. 22. Schulbildung ist für alle Menschen erforderlich. Die Gesellschaft soll mit aller Kraft die Fortschritte der Aufklärung fördern und allen Bürgern Schulbildung zugänglich machen.[113]
Art. 23. Die soziale Garantie besteht in der Tätigkeit aller. Durch die Tätigkeit aller ist das gesellschaftliche Leben gewährleistet, um jedem den Genuß und die Erhaltung seiner Rechte zu verschaffen; diese Garantie beruht auf der Volkssouveränität.
Art. 25. Die Souveränität beruht auf dem Volke. Sie ist einheitlich und unteilbar, unverjährbar und unveräußerlich.
Art. 28. Ein Volk hat stets das Recht, seine Verfassung zu überprüfen, zu reformieren und zu ändern; eine Generation kann nicht die künftigen Generationen ihren Gesetzen unterwerfen.
Art. 29. Jeder Bürger hat ein gleiches Recht, an der Bildung der Gesetze und an der Wahl seiner Beauftragten oder Vertreter mitzuwirken.
Art. 33. Der Widerstand gegen Unterdrückung ergibt sich aus den übrigen Menschenrechten.
Art. 34. Unterdrückung der Gesamtheit der Gesellschaft besteht, wenn auch nur eines ihrer Mitglieder unterdrückt wird; Unterdrückung jedes einzelnen Mitgliedes besteht, wenn die Gesamtheit der Gesellschaft unterdrückt wird.
Art. 35. Wenn die Regierung die Rechte des Volkes verletzt, ist für das Volk und jeden Teil des Volkes der Aufstand das heiligste seiner Rechte und die unerläßlichste seiner Pflichten.

65b Verfassungsurkunde.

Von der Republik

Artikel 1. Es gibt nur eine unteilbare französische Republik.

....

Vom Stand der Bürger

4. Zur Ausübung der Rechte eines französischen Bürgers ist zugelassen jeder in Frankreich geborene oder ansässige Mann, der das Alter von 21 Jahren vollendet hat,
jeder Ausländer, der das Alter von 21 Jahren vollendet hat, in Frankreich seit einem Jahr ansässig ist und von seiner Arbeit lebt oder ein Besitztum erwirbt oder eine Französin heiratet, ein Kind annimmt oder einen Greis ernährt, schließlich jeder Ausländer, von dem die gesetzgebende Körperschaft erklärt, er habe sich um die Menschheit besonders verdient gemacht.

...

Von der Volkssouveränität

7. Das souveräne Volk ist die Gesamtheit der französischen Bürger.
8. Es wählt seine Abgeordneten unmittelbar.

[113] Damit wird das Recht auf Unentgeltlichkeit der Schulbildung verkündet.

9. Es überträgt den Wahlmännern die Wahl der Verwaltungsbeamten, der Schiedsrichter, der Strafrichter und der Richter der Berufungsgerichte.
10. Es berät über die Gesetze.
...

Von der Nationalvertretung

...
21. Die Bevölkerung ist die einzige Grundlage der Nationalvertretung.
22. Auf 40000 Menschen kommt ein Abgeordneter.
...
24. Die Wahl erfolgt mit absoluter Stimmenmehrheit.
...
26. Wenn die erste Zählung keine absolute Mehrheit ergibt, erfolgt ein zweiter Wahlgang, in dem über die zwei Bürger, die die meisten Stimmen auf sich vereinigt haben, abgestimmt wird.
...

Von der gesetzgebenden Körperschaft

39. Es gibt nur eine einzige, unteilbare und immerwährende gesetzgebende Körperschaft.
40. Ihre Sitzungsperiode dauert ein Jahr.
41. Sie tritt am 1. Juli zusammen.
...
43. Die Abgeordneten können zu keiner Zeit wegen der Ansichten, die sie innerhalb der gesetzgebenden Körperschaft geäußert haben, verfolgt, angeklagt oder verurteilt werden.
44. Sie können bei einem Verbrechen auf frischer Tat ergriffen werden, aber der Verhaftungsbefehl und der Vorführungsbefehl können gegen sie nur mit Ermächtigung der gesetzgebenden Körperschaft erlassen werden.
...

Von den Verwaltungskörperschaften und Gemeinden

78. In jeder Gemeinde der Republik gibt es eine Gemeindeverwaltung, in jedem Distrikt eine mittlere Verwaltungsbehörde, in jedem Departement eine Zentralverwaltung.
79. Die Gemeindebeamten werden von den Gemeindeversammlungen gewählt.
80. Die Verwaltungsbeamten werden von den Wahlversammlungen der Departemente und Distrikte gewählt.
81. Die Gemeindeverwaltungen und die Verwaltungsbehörden werden jährlich zur Hälfte erneuert.
...

Von der Zivilgerichtsbarkeit

85. Das bürgerliche und das Strafgesetzbuch sind für die ganze Republik einheitlich.
86. In das Recht der Bürger, ihre Streitigkeiten durch Schiedsrichter ihrer Wahl entscheiden zu lassen, darf nicht eingegriffen werden.
87. Die Entscheidungen dieser Schiedsrichter sind endgültig, wenn sich die Bürger nicht das Recht der Berufung vorbehalten haben.
88. Es gibt Friedensrichter, die von den Bürgern der durch das Gesetz festgelegten Bezirke gewählt werden.
89. Sie schlichten und urteilen kostenlos.

...

Von den öffentlichen Steuern

101. Kein Bürger ist von der ehrenvollen Verpflichtung entbunden, seinen Beitrag zu den öffentlichen Abgaben zu leisten.

Von den Streitkräften der Republik

107. Die allgemeine Streitkraft der Republik besteht aus dem ganzen Volke.
109. Alle Franzosen sind Soldaten. Sie werden alle im Gebrauch von Waffen ausgebildet.

...

Von den Beziehungen der Französischen Republik zu den fremden Nationen

118. Das französische Volk ist der Freund und der natürliche Bundesgenosse der freien Völker.
119. Es mischt sich nicht in die Regierungsangelegenheiten anderer Nationen ein; es duldet nicht, daß die anderen Nationen sich in die seinen einmischen.
120. Es gewährt Ausländern, die um der Sache der Freiheit willen aus ihrem Vaterland verbannt werden, Zuflucht; es verweigert aber Zuflucht den Tyrannen.
121. Es schließt keinen Frieden mit einem Feind, der sein Gebiet besetzt hält.

Von der Garantie der Rechte

122. Die Verfassung verbürgt allen Franzosen Gleichheit, Freiheit, Sicherheit, Eigentum, die Staatsschulden, freie Ausübung des Gottesdienstes, allgemeinen Unterricht, öffentliche Unterstützung, unbeschränkte Pressefreiheit, das Petitionsrecht, das Recht, sich in Volksgesellschaften zusammenzuschließen, den Genuß aller Menschenrechte.

Les Constitutions de la France depuis 1789. A. a. O. S. 79 ff.

Das Manifest der Enragés[114]. Von Jacques Roux[115] verfaßte Denkschrift, dem Nationalkonvent am 25. Juni 1793 vorgelegt, im Namen von zwei Pariser Sektionen und dem Cordeliers-Klub[116] **66**

Abgeordnete des französischen Volkes,
Hundertmal hat dieser geheiligte Saal von den Verbrechen der Egoisten und Schurken widerhallt; immer wieder habt Ihr uns versprochen, die Blutsauger des Volkes zu bestrafen. Jetzt soll die Verfassung dem Souverän zur Genehmigung vorgelegt werden; habt Ihr darin die Börsenspekulanten geächtet? Nein. Habt Ihr die Todesstrafe gegen die Hamsterer ausgesprochen? Nein. Habt Ihr festgelegt, worin die Handelsfreiheit besteht? Nein. Habt Ihr den Verkauf von Münzgeld verboten? Nein. Nun, dann erklären wir Euch, daß Ihr für das Glück des Volkes nicht alles getan habt.
Die Freiheit ist nur ein leerer Wahn, wenn eine Klasse von Menschen die andere ungestraft verhungern lassen kann. Die Gleichheit ist nur ein leerer Wahn, wenn der Reiche kraft seines Monopols über Leben und Tod seiner Mitmenschen entscheidet. Die Republik ist nur ein leerer Wahn, wenn die Gegenrevolution Tag für Tag am Werke ist und die Preise für die Lebensmittel in die Höhe treibt, die drei Viertel der Bevölkerung nur unter Tränen aufbringen können.
Hingegen werdet Ihr, nur wenn Ihr die räuberischen Handelsmethoden, die nichts mit dem Handel an sich zu tun haben, unterdrückt und wenn Ihr den Sansculotten[117] die Lebensmittel erschwinglich macht, diese an die Revolution binden und sie um die Verfassungsgesetze scharen...
Nur die Reichen haben seit vier Jahren aus der Revolution Nutzen gezogen. Die Händleraristokratie, die schrecklicher ist als die Adels- und die Priesteraristokratie, hat ein grausames Spiel getrieben, wenn sie sich der Privatvermögen und der Schätze der Republik bemächtigt hat. Noch wissen wir nicht, wie weit sie ihren Machtmißbrauch treiben werden, denn die Preise für die Waren steigen im Verlauf eines Tages auf erschreckende Weise. Bürger-Vertreter, es ist Zeit, daß der Kampf auf Leben und Tod, den die Egoisten gegen die arbeitsamste Klasse der Gesellschaft führen, aufhört. Erklärt das den Börsenspekulanten und Hamsterern deutlich: Entweder gehorchen sie in

---

[114] = Wütende oder Besessene. Bezeichnung für die Gruppe von Revolutionären, die auf der äußersten Linken die Interessen der Volksmassen gegen die Jakobiner vertraten.

[115] 1752–1794, katholischer Priester. Mitglied des Generalrates der Pariser Kommune, der für eine radikal-soziale Demokratie kämpfte. Am 5. September 1793 verhaftet, erdolchte er sich am 10. Februar 1794 im Gefängnis.

[116] Demokratischer Klub, der 1790 im ehemaligen Kloster der Franziskaner (Cordeliers) gegründet worden war und dem u. a. Danton und Marat angehörten.

[117] = „Ohnehosen“: Bezeichnung für die einfachen Leute aus dem Volk, die keine Kniehosen (culottes), sondern – im Gegensatz zu den Aristokraten und Bürgern – lange Hosen trugen, und somit für die Mitglieder der revolutionären Sektionsversammlungen und Volksgesellschaften.

Zukunft Euren Dekreten, oder sie gehorchen ihnen nicht. Im ersten Fall habt Ihr das Vaterland gerettet. Im zweiten Fall habt Ihr das Vaterland auch gerettet, denn wir stehen bereit, die Blutsauger des Volkes niederzuschlagen. ...

W. Markov (Hrsg.), Jacques Roux – Scripta et Acta. Berlin 1969, S. 140f.

67 **Aufruf zum Schutz der Republik nach der Ermordung Marats**[118], 14. Juli 1793

Republikaner,
Die Guillotine im Dauerzustand: dafür ist es an der Zeit: eine Verschwörung tritt ans Tageslicht, mit dem Ziel, unsere besten, unsere festesten Stützen, unsere getreuen Vertreter zu ermorden; schon hat es gestern eine frevelhafte Hand gewagt, die festeste Stütze, den eifrigsten Verteidiger des Volkes, mit einem Wort: einen Mann der Bergpartei[119] zu ermorden.
Schon seit langem war er von einem Haufen in Paris ansässiger Verbrecher bedroht. Aber keiner dieser Schurken hat es je gewagt, die Hand gegen ihn zu erheben, weil sie wußten, daß das Volk sich gerächt hätte und sie die gebührende Strafe für ihre Missetaten hätte erleiden lassen. Ach, die Nachwelt wird vor Schrecken erschaudern, wenn sie erfährt, daß eine Frau dieses Verbrechen an einem Volksvertreter verübt hat. ...[Hier folgt eine ausführliche Darstellung des Vorgangs der Ermordung Marats durch Charlotte Corday aus Caen und der Reaktion der Pariser hierauf.] Danton, Robespierre, Barère[120], Thuriot[121], Hérault-Séchelles[122], schließlich die wahre Bergpartei, seht Euch vor; vielleicht sind schon die Dolche, die sich gegen Euch erheben werden, geschliffen, und die Mörder können ausgewählt sein.
Die Paralytiker[123], die noch mit Euch tagen, haben geschworen, ihre Spießgesellen, die verhaftet und in Anklagezustand versetzt sind, zu rächen; gestern ist ihr Schwur gegen Marat ausgeführt worden, und morgen ist ein anderer dran. ...
Und Ihr, tapfere und unerschrockene Jakobiner, verdoppelt Eure Anstrengungen und Euren Mut; verlangt sofort mit der Pariser Stadtverwaltung von dem Nationalkonvent, daß er verfügt, von welchem Gericht diejenigen gerichtet werden sollen, die eine ruchlose Verbrecherin dazu angestiftet haben, eines unserer Mitglieder zu erdolchen. Verlangt vom Konvent, daß die Para-

[118] Vgl. Anm. 64.
[119] Im Konvent die Gruppe radikaler Jakobiner, die auf höher gelegenen Bänken zusammensaßen, auch Montagnards genannt; führend unter ihnen Danton, Marat, Robespierre.
[120] 1755–1841, Advokat, Konventsmitglied, Mitglied des Wohlfahrtsausschusses, am Sturz Robespierres beteiligt, 1795 verhaftet.
[121] 1753–1829, Advokat, Konventsmitglied, Dantonist, Mitglied des Wohlfahrtsausschusses. Am Sturz Robespierres beteiligt. 1795 verhaftet.
[122] 1759–1794, Advokat, Mitglied der Gesetzgebenden Versammlung, des Konvents und des Wohlfahrtsausschusses, Mitarbeit an der Verfassung von 1793; mit den Dantonisten im April 1794 hingerichtet.
[123] Die Gemäßigten, die nach der Säuberung des Konvents von den Girondisten im Konvent verblieben waren.

lytiker, einst unter dem Namen Marais[124] und Vendée[125] bekannt, sofort ersetzt werden und daß die meisten von ihnen oder sogar alle verhaftet werden, weil sie schuldig sind; daran besteht kein Zweifel. Sansculotten, meine Freunde, rächen wir den Tod eines unserer Freunde, eines Montagnarden. Schon morgen soll das Haupt der Vatermörderin durch das Schwert des Gesetzes fallen, die Guillotine[126] muß in Dauerzustand versetzt werden; die, die uns soviel Leid zugefügt haben, die nur den Untergang der Republik und uns einen König geben wollen, müssen bestraft werden.
Wenn Ihr diesen eilig gegebenen Ratschlägen folgt, wird das Leben unserer getreuen Vertreter von keinerlei Gefahr mehr bedroht sein.
Lebois, Freund der Sansculotten

Bibl. Nat. 41. 3159

Georges Danton[127] fordert, den Wohlfahrtsausschuß als provisorische Regierung einzusetzen, 1. August 1793 **68**

Wir werden der Welt ein Beispiel geben, wie das noch kein Volk getan hat. Das französische Volk hat die Regierung, die es angenommen hat, ... gewollt, und wehe dem Volk, das es nicht versteht, eine so feierlich beschworene Regierung zu verteidigen! Seht, wie man in der Vendée den Krieg mit mehr Energie führt als wir selbst! Die Gleichgültigen bringt man mit Gewalt zum Marschieren. Wir, die wir für die kommenden Generationen wirken, wir, auf die die Welt blickt, ... warum betrachten wir mit kühler Tatenlosigkeit die Gefahren, die uns bedrohen? Warum haben wir noch nicht eine gewaltige Masse von Bürgern an die Grenzen zur Verteidigung geworfen? Schon entrüstet sich das Volk in einigen Departements über diese Schlaffheit, und es hat verlangt, daß man die Sturmglocke läutet. Das Volk beweist mehr Energie als Ihr. Die Freiheit ist immer von unten ausgegangen. Wenn Ihr euch des Volkes würdig zeigt, dann wird es Euch folgen, und Eure Feinde werden ausgerottet werden.
Ich verlange, daß der Konvent seinen Wohlfahrtsausschuß[128] als provisorische Regierung einsetzt, daß die Minister nur die ersten Gehilfen dieser provisorischen Regierung sind, daß dieser Regierung 50 Millionen zur Verfügung gestellt werden, über die sie erst am Ende der Sitzungsperiode abzurechnen braucht...

Danton, Discours. A.a.O. S. 518

---

124 = Sumpf, Ebene, übertragen: Zentrum im Konvent.

125 Vgl. Q 62. In der gefährlichen Situation des Sommers 1793 erkannte die demokratische Linke in Royalisten, Girondisten und Gemäßigten gleichermaßen Feinde der Republik.

126 Fallbeil, dessen Einführung als neues Hinrichtungsinstrument der Arzt Guillotin aus humanitären Gründen vorgeschlagen hatte.

127 Vgl. Anm. 93.

128 Am 6. April 1793 hatte der Konvent die Einsetzung eines „Wohlfahrtsausschusses“ beschlossen zwecks Überwachung der Verwaltung und Ergreifung dringlicher Maßnahmen zur inneren und äußeren Verteidigung.

69 Die belagerte Republik (Juli–August 1793)

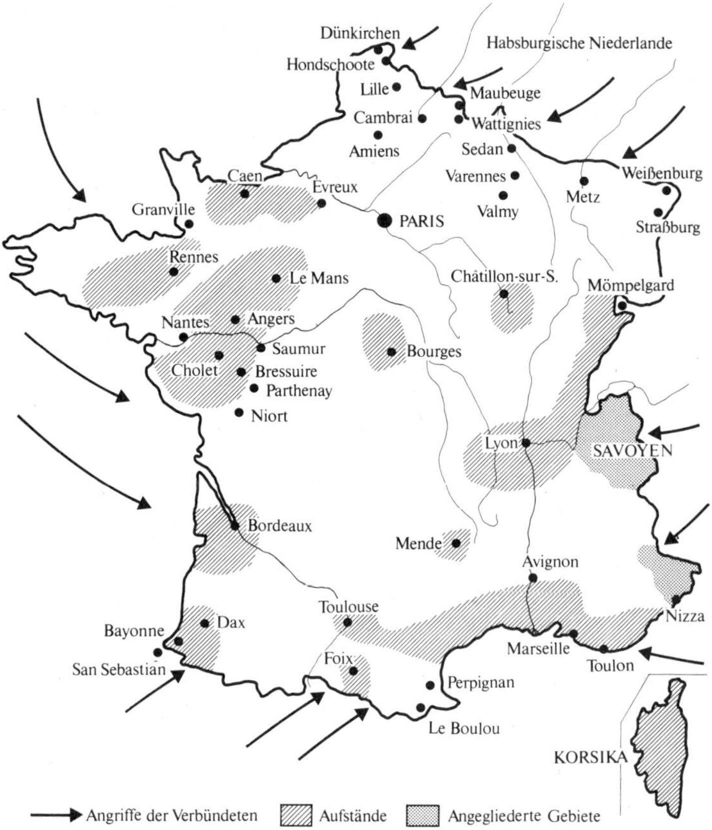

70 Wehrgesetz[129], vom Nationalkonvent beschlossen am 23.8.1793:

Vom heutigen Tage an bis zu dem Tage, an dem die Feinde vom Boden der Französischen Republik vertrieben sein werden, sind alle Franzosen dauernd zum Wehrdienst verpflichtet.

Die jungen Männer ziehen in den Kampf; die Verheirateten schmieden Waffen und tragen Lebensmittel herbei; die Frauen fertigen Zelte und Kleider und dienen in den Lazaretten; die Kinder zupfen altes Leinen zu Charpie; die Greise lassen sich auf die öffentlichen Plätze tragen, um den Mut der Krieger anzuspornen, sie mit Haß gegen die Könige und Liebe zur Einheit der Republik zu erfüllen.

---

[129] Dieses Gesetz war unter dem Druck der Volksbewegung zustande gekommen.

Niemand kann sich in dem Dienst, zu dem er eingezogen wird, vertreten lassen; die Staatsbeamten bleiben auf ihren Posten. Die Aushebung wird allgemein sein; die Bürger, die nicht verheiratet sind, sowie kinderlose Witwer im Alter von 18 bis 25 Jahren werden zuerst marschieren; sie werden sich unverzüglich in den Hauptort ihres Distrikts begeben, wo sie bis zum Marschbefehl täglich in der Handhabung der Waffen ausgebildet werden.

Histoire parlementaire XXVIII, S. 469 f.

Politische und soziale Forderungen der Sansculotten. Antrag der Sektion der Sansculotten an den Nationalkonvent vom 2. September 1793[130] **71**

Beauftragte des Volkes,
Wie lange werdet Ihr es noch dulden, daß Royalismus, Ehrgeiz, Egoismus, Intrige und Geiz im Bunde mit dem Fanatismus unsere Grenzen der Tyrannei ausliefern und überall Verwüstung und Tod verbreiten, daß die Schieber die Hungersnot über das gesamte Gebiet der Republik ausdehnen, in der verbrecherischen Hoffnung, daß sich die Patrioten gegenseitig umbringen und daß sie mit Hilfe der ausländischen Despoten auf den blutigen Leichnamen der Patrioten das Königreich wiederherstellen werden? Beeilt Euch, die Zeit drängt. ...
Ihr werdet sagen: Haben wir nicht ein Schreckensgesetz gegen die Schieber erlassen? Beauftragte des Volkes, täuscht Euch nicht! ... Dadurch, daß dieses Gesetz alle die, die beträchtliche Mengen von Grundlebensmitteln besitzen, dazu zwingt, darüber eine Erklärung abzugeben, begünstigt es mehr die Schieber, als daß es das Schiebertum zerstört, denn es stellt alle ihre Waren unter den Schutz des Volkes, überläßt es aber ihnen, die Preise dafür gemäß ihrer Habgier festzusetzen. Infolgedessen hat die Vollversammlung der Sektion der Sansculotten, auf Grund der Überzeugung, daß es die Pflicht aller Bürger ist, die geeignetsten Maßnahmen vorzuschlagen, um den Wohlstand und die öffentliche Ruhe wiederherzustellen, beschlossen, den Konvent zu folgenden gesetzlichen Maßnahmen aufzufordern:
1. daß die einstigen Adligen keinerlei militärische Funktionen ausüben noch irgendwelche öffentlichen Ämter bekleiden dürfen, daß den einstigen Parlamentsmitgliedern, Finanzbeamten und Priestern jegliche Funktion in der Verwaltung und im Rechtswesen entzogen wird;
2. daß die Preise für alle Grundlebensmittel unveränderlich fixiert werden, und zwar gemäß dem Preis der sogenannten „alten“ Jahre, von 1789 bis einschließlich 1790, entsprechend ihren verschiedenen Qualitäten;
3. daß auch die Preise der Rohstoffe fixiert werden, so daß die Gewinne in der Industrie, die Arbeitslöhne und die Handelsgewinne die fleißigen Arbei-

[130] Anfang September 1793 war die Volksbewegung in großer Unruhe: Versorgungskrise und Furcht vor der Gegenrevolution führten zur Kritik am Konvent, der zu schärferer Politik gedrängt wurde. Das Gesetz über die Verdächtigen (s. Q 73) ist als Erfolg der Volksbewegung zu verbuchen.

ter, die Bauern und die Kaufleute in die Lage versetzen, sich nicht nur die zur Erhaltung ihrer Existenz unentbehrlichen Dinge zu verschaffen, sondern auch alles das, was zu ihrem Genuß beitragen kann;
4. daß alle Bauern, die infolge irgendwelcher Zwischenfälle ihre Ernte nicht einbringen konnten, entschädigt werden;
5. daß jedem Departement eine Geldsumme zugeteilt wird, um die Preise der Grundlebensmittel für alle Menschen, die in der französischen Republik leben, auf der gleichen Höhe zu halten;
6. daß die den Departementen zugeteilten Geldbeträge dazu benutzt werden, die Ungleichheit zu beseitigen, die bei den Preisen für Lebensmittel und für Dinge des Grundbedarfs durch den Transport über die ganze Ausdehnung der französischen Republik verursacht wird, da die Republik jedem Franzosen die gleichen Vorteile verschaffen muß;
7. daß die Pachtverträge aufgehoben und wieder auf den gleichen Preis gebracht werden, auf dem sie sich in jenen Jahren befanden, die Ihr zur unveränderten Fixierung der Höchstpreise für die Lebensmittel und des Grundbedarfs auswählt;
8. daß ein Höchstbetrag für die Vermögen festgesetzt wird;
9. daß der einzelne Bürger nur einen derartigen Höchstbetrag besitzen kann;
10. daß niemand mehr Grundbesitz pachten kann, als sich mit einer bestimmten Anzahl von Pflügen bearbeiten läßt;
11. daß der gleiche Bürger nur eine Werkstätte, nur einen Laden haben kann;
12. daß alle, die Waren oder Grundstücke auf ihren Namen besitzen, als Eigentümer anerkannt werden.
Die Sektion der Sansculotten ist der Auffassung, daß diese Maßnahmen den Wohlstand und die Ruhe wiederherstellen, daß sie die zu große Ungleichheit der Vermögen allmählich verschwinden und die Zahl der Eigentümer anwachsen lassen würden.

W. Markov und A. Soboul (Hrsg.), Die Sansculotten von Paris. 1793–1794. Berlin 1957, S. 136–140)

72 **Erklärungen und Forderungen zweier Pariser Sektionen an den Nationalkonvent** vom 15. September 1793

Die Vollversammlungen der Sektion „Marchés“ und „Contrat Social“ treten vollzählig vor Euch. Sie kommen keineswegs, um Euch schöne Reden zu halten, sondern sie wollen Euch ihre Meinung sagen und ihre Rechte behaupten.

Ihr habt in Eurer Sitzung vom 9. dieses Monats dekretiert, daß in jeder Sektion nur zwei Sitzungen pro Woche gehalten werden und daß die bedürftigen Bürger eine Entschädigung von 40 Sous für die Sitzung erhalten sollen[131].

[131] Der Konvent hatte sich dem Ansturm der Volksbewegung gebeugt, aber gleichzeitig versucht, ihn durch das Verbot der Permanenzsitzungen zu drosseln. Die Gewährung einer Sitzungsentschädigung wurde von den Sansculotten schroff abgelehnt.

Nachdem die Vollversammlungen mit Bedacht und gewissenhaft dieses Dekret geprüft haben, erklären sie, daß sie es für einen Angriff auf die Souveränität des Volkes und unter den gegebenen Umständen für gefährlich halten, zu dem Zeitpunkt nämlich, wo die Feinde des Vaterlandes von allen Seiten herbeiströmen, um die Republik und die Freiheit zu vernichten.
Die Sektionen „Marchés" und „Contrat Social" haben schon am 31. Mai[132], diesem für ewig denkwürdigen Tag, geschworen, daß sie ihre Versammlungen erst dann einstellen und erst dann die Waffen aus der Hand legen werden, wenn alle inneren und äußeren Feinde zerschmettert am Boden liegen werden. Sie kommen nun und erneuern vor Euch diesen Schwur, indem sie Euch, Gesetzgeber, ermahnen, Euer Dekret zu widerrufen, das von dem gesäuberten Nationalkonvent[133] niemals hätte erlassen werden dürfen. Darüber hinaus erklären die Sektionen, daß keines ihrer Mitglieder die versprochenen 40 Sous entgegennehmen wird, denn sie betrachten diesen Vorschlag als entwürdigend für ein freies und demokratisches Volk. ...

W. Markov und A. Soboul, a. a. O., S. 175

Das Gesetz über die Verdächtigen – Konventsbeschluß vom 17. September 1793[134] 73

Art. 1. Unmittelbar nach der Verkündung dieses Gesetzes werden alle Verdächtigen, die sich auf dem Gebiet der Republik befinden und noch auf freiem Fuße sind, verhaftet und eingesperrt.
Art. 2. Als verdächtig gelten:
1. diejenigen, die sich durch ihr Verhalten, ihre Beziehungen, ihre Reden oder ihre Schriften als Anhänger der Tyrannei und des Föderalismus[135] und als Feinde der Freiheit zu erkennen gegeben haben;
2. diejenigen, die gemäß dem Gesetz vom 21. März d. J.[136] keinen Nachweis über ihre Existenzmittel und über die Erfüllung ihrer staatsbürgerlichen Pflichten erbringen können[137];
3. diejenigen, denen das Bürgerzeugnis verweigert worden ist;
4. die Beamten, die von dem Nationalkonvent und seinen Kommissaren von ihren Funktionen suspendiert oder entlassen und nicht wieder eingestellt worden sind, vor allem diejenigen, die auf Grund des Gesetzes vom 12. August d. J. entlassen worden sind oder entlassen werden sollen;
5. jene der einstmals Adligen, die Gatten und Gattinnen, Väter und Mütter, Söhne und Töchter, Brüder und Schwestern, die nicht beständig ihre Verbundenheit mit der Revolution bekundet haben, sowie Emigranten;
6. diejenigen, die in der Zeit zwischen dem 1. Juli 1789 und der Veröffentli-

[132] S. Zeittafel
[133] Gesäubert von den girondistischen Vertretern Anfang Juni 1793.
[134] Vgl. Q 71.
[135] Vgl. Q 70.
[136] Gesetz über die Schaffung von Überwachungsausschüssen.
[137] Dieser Artikel richtete sich gegen die Spekulanten.

Abb. 15. Verhaftungsszene. Zeitgenössische Zeichnung. Man sieht eine Verhaftung auf den Straßen von Paris nach der Verabschiedung des Gesetzes über die Verdächtigen im September 1793.

chung des Gesetzes vom 8. April 1792 emigriert sind, auch wenn sie in der vom Gesetz festgelegten Frist oder früher nach Frankreich zurückgekehrt sind.

René Rémond, La Vie politique en France 1789–1848. Paris 1965, Band I, S. 195

74 **Dekret des Nationalkonvents über die Errichtung der Revolutionsregierung** vom 10. Oktober 1793[138]

Die Regierung

Art. 1. Die provisorische Regierung Frankreichs bleibt bis zu einem Friedensschluß revolutionär.

Art. 2. Der provisorische Exekutivrat, die Minister, Generäle und verfassungsmäßigen Organe, werden der Kontrolle durch den Wohlfahrtsausschuß unterstellt, der dem Konvent wöchentlich Bericht erstattet.

Die Versorgung mit Lebensmitteln

Art. 7. Das vom Wohlfahrtsausschuß erstellte Verzeichnis der Getreideerzeugung jedes Distrikts wird gedruckt und an alle Mitglieder des Konvents verteilt, damit unverzüglich die entsprechenden Maßnahmen getroffen werden können.

Art. 8. Der Bedarf jedes Departements wird durch Schätzung, für die eine

[138] Auf Antrag von Saint-Just beschlossen, gab das Dekret dem Wohlfahrtsausschuß die Kontrolle über die Ausschüsse und Regierungsfunktion. – Art. 7, 8 und 9 stellen einen Versuch beschränkter Wirtschaftslenkung dar.

Gewähr übernommen wird, ermittelt. Der Überschuß unterliegt der Requirierung.
Art. 9. Die Produktionslisten der Republik gehen den Volksvertretern, dem Marine- und Innenministerium sowie den für die Lebensmittelversorgung zuständigen Behörden zu. Diesen obliegt die Requirierung in den ihnen zugewiesenen Bezirken. Paris bildet einen eigenen Bezirk.

W. Grab, Die Französische Revolution. München 1973, S. 180 f.

Maximilien Robespierre[139] über die Prinzipien der politischen Moral[140]. Rede vom 5. Februar 1794 **75**

Welchem Ziel streben wir zu? Dem friedlichen Genuß der Freiheit und der Gleichheit, der Herrschaft jener ewigen Gerechtigkeit, deren Gesetze nicht in Stein und Marmor, sondern in die Herzen aller Menschen eingegraben sind, selbst in die Brust des Sklaven, der sie vergißt, oder des Tyrannen, der sie leugnet.
Wir wollen eine Gesellschaftsordnung, in der alle niedrigen und grausamen Leidenschaften unbekannt sind, alle gemeinnützigen und hochherzigen Leidenschaften durch die Gesetze geweckt werden, wo der Ehrgeiz zu dem Wunsche wird, Ruhm zu gewinnen und dem Vaterland zu dienen; wo Auszeichnungen nur aus der Gleichheit hervorgehen; wo der Bürger der Verwaltung, die Verwaltung dem Volk und das Volk der Gerechtigkeit untersteht, wo das Vaterland das Wohlergehen jedes einzelnen sichert und so jeder einzelne mit Stolz und Gedeihen und am Ruhm des Vaterlandes teilnimmt; wo alle Seelen sich weiten im ständigen Ausdruck republikanischer Gedanken, im Bedürfnis, die Achtung eines großen Volkes zu gewinnen, wo die Künste zum Schmuck der Freiheit dienen, die sie adelt; wo der Handel zur Quelle des öffentlichen Reichtums wird und nicht nur die ungeheuerliche Üppigkeit weniger Familien ermöglicht...
Welche Regierung kann solche Wunder verwirklichen; Allein die demokratische oder republikanische; beide Worte bedeuten trotz des Mißbrauches, den die Alltagssprache damit treibt, dasselbe.
...Die Demokratie ist ein Staat, in dem das souveräne Volk, von den Gesetzen bestimmt, die sein Werk sind, durch sich selbst alles das vollbringt, was es gut verrichten kann, und durch seine Vertreter das, was es nicht selbst zu tun vermag. ... Aber um unter uns die Demokratie zu begründen und zu festigen, um zur friedlichen Herrschaft der verfassungsmäßigen Gesetze zu gelangen, müssen wir den Krieg der Freiheit gegen die Tyrannei beenden und glücklich die Stürme der Revolution überstehen; das ist das Ziel des revolutionären Systems, das Ihr organisiert habt. Ihr müßt euer Verhalten doch

[139] Vgl. Anm. 67
[140] Mit dieser Rede bestimmte Robespierre seine mittlere Position, gegenüber den Nachsichtigen um Danton und Desmoulins und den radikalen Revolutionären um Hébert, die eine Verschärfung des Terrors forderten.

nach den stürmischen Umständen einrichten, in denen sich die Republik befindet, und der Plan eurer Verwaltung muß das Ergebnis des Geistes der revolutionären Regierung in Verbindung mit den allgemeinen Grundsätzen der Demokratie sein.

Welches ist nun der entscheidende Grundsatz der demokratischen Volksregierung, d. h. die Haupttriebfeder, die sie hält und in Bewegung setzt? Das ist die Tugend, und zwar die öffentliche Tugend, die in Griechenland und Rom Wunder erzeugte und die im republikanischen Frankreich noch viel erstaunlichere vollbringen wird; jene Tugend, die nichts anderes ist als die Liebe zum Vaterland und zu seinen Gesetzen.

Da aber das Wesen der Republik oder Demokratie die Gleichheit ist, so folgt daraus, daß die Liebe zum Vaterland notwendigerweise die Liebe zur Gleichheit in sich schließt... Es folgt ferner, daß die erste Regel Eurer politischen Haltung die sein muß, Eure sämtlichen Handlungen auf die Erhaltung der Gleichheit und die Förderung der Tugend zu richten: denn die erste Sorge des Gesetzgebers muß auf die Stärkung des Regierungsprinzips gerichtet sein. So müßt Ihr alles, was die Liebe zum Vaterland wecken, die Sitten reinigen, die Seelen erheben, die Leidenschaften des menschlichen Herzens erziehen will, ergreifen oder dementsprechende Maßregeln treffen...

Hier können wir die Entwicklung unserer Theorie beenden, wenn wir das Schiff der Republik nur bei Windstille zu steuern hätten; aber der Sturm braust, und der Zustand der Revolution, in dem wir uns befinden, erlegt uns eine andere Aufgabe auf. ...Wenn die Triebkraft der Volksregierung im Frieden die Tugend ist, so ist in revolutionärer Zeit diese Triebkraft zugleich die Tugend und der Schrecken; die Tugend, ohne die der Schrecken unheilvoll wäre, der Schrecken, ohne den die Tugend ohnmächtig bliebe. Der Schrecken ist nichts anderes als die rasche, strenge, unbeugsame Gerechtigkeit; er ist also ein Ausfluß der Tugend; er ist weniger ein besonderes Prinzip als eine Folge des allgemeinen Prinzips der Demokratie in seiner Anwendung auf die dringendsten Bedürfnisse des Vaterlandes. ...Die Regierung der Revolution ist der Despotismus der Freiheit im Kampf gegen die Tyrannei...

M. Robespierre, Oeuvres Bd. 10. Paris 1967, S. 350 ff.

76 **Saint-Just[141]: Kampf den Feinden der Republik – Beschlagnahmung ihrer Vermögen!,** 26. Februar 1794

...Die Logik der Ereignisse führt uns möglicherweise zu Resultaten, an die wir gar nicht gedacht hatten. Der Reichtum befindet sich in den Händen einer ziemlich großen Anzahl von Gegnern der Revolution; die Not zwingt das arbeitende Volk, sich in die Abhängigkeit seiner Feinde zu begeben. Könnt Ihr Euch vorstellen, daß ein Staat bestehen kann, wenn die gegenseitigen Beziehungen seiner Bürger sich dergestalt entwickeln, daß sie schließlich im Ge-

141 Vgl. Anm. 100.

gensatz zur Regierungsform stehen? Diejenigen, die eine Revolution nur halb gemacht haben, haben sich noch stets ihr eigenes Grab geschaufelt. Die Revolution bringt uns dahin, jenen Grundsatz anzuerkennen, wonach derjenige, der sich als Feind seines Vaterlandes erwiesen hat, kein Besitzender in ihm sein kann. Es bedarf noch einiger Geniestreiche, uns zu retten.
Um seinen Tyrannen Genüsse zu verschaffen, soll also das Volk sein Blut an den Grenzen vergießen, soll jede einzelne Familie um ihre toten Söhne trauern? Ihr kennt den Grundsatz: Nur der hat Rechte in unserem Vaterland, der mitgeholfen hat, es zu befreien. Schafft das Bettlertum ab, das eines freien Staates unwürdig ist. Das Eigentum der Patrioten ist heilig, aber das Vermögen der Verschwörer gehört allen Unglücklichen. Die Elenden sind die Mächtigen der Erde; sie haben das Recht, zu den Regierungen, welche sie vernachlässigen, als Herren zu sprechen. Diese Grundsätze führen zum Sturz einer korrupten Regierung; sie würden auch die Eurige vernichten, wenn Ihr sie korrumpieren laßt. Opfert also die Ungerechtigkeit und das Verbrechen, wenn Ihr nicht wollt, daß diese Euch opfern. ...
Eure Ausschüsse legen Euch das folgende Dekret vor:
Artikel 1. Der Allgemeine Sicherheitsausschuß[142] erhält Vollmacht, die in Haft gehaltenen Patrioten freizulassen. Jeder, der auf persönliche Freiheit Anspruch erhebt, gibt über sein Verhalten seit dem 1. Mai 1789 Rechenschaft.
Artikel 2. Das Eigentum der Patrioten ist unverletztlich und heilig. Das Vermögen derjenigen Personen, die anerkanntermaßen Feinde der Republik sind, wird zugunsten der Republik beschlagnahmt; diese Personen werden bis zum Friedensschluß in Haft gehalten und anschließend auf Lebenszeit verbannt. ...[143]

W. Grab, a. a. O., S. 222 f.

Verordnung des Konvents über das Höchste Wesen und seine Verehrung vom 7. Mai 1794 **77**

1. Das französische Volk erkennt die Existenz des Höchsten Wesens und die Unsterblichkeit der Seele an.
2. Es erkennt, daß die des Höchsten Wesens würdige Verehrung in der Ausübung der menschlichen Pflichten besteht.
3. An die erste Stelle unter diesen Pflichten stellt es die Verachtung der Gewissenlosigkeit und der Gewaltherrschaft, die Bestrafung der Gewaltherrscher und Verräter, die Unterstützung der Unglücklichen, die Achtung der

---

[142] Bereits im Oktober 1792 war vom Konvent der Sicherheitsausschuß eingesetzt worden, der für alle Fragen der inneren Sicherheit zuständig war, insbesondere für Verhaftungen und Einleitung von Prozessen.

[143] Am 3. März 1794 beschloß der Konvent ein weiteres Dekret in dieser Richtung auf Vorschlag von Saint-Just. Beide zusammen sind als Ventôse-Dekrete bekannt. Das eingezogene Vermögen der Feinde sollte an die armen Patrioten verteilt werden. Allerdings sind diese Dekrete nicht bis zu Ende ausgeführt worden.

Schwachen, die Verteidigung der Unterdrückten, weitestgehende Hilfeleistung für die Mitmenschen und Gerechtigkeit gegenüber jedermann.
4. Feste werden eingeführt, um den Menschen an den Begriff der Gottheit und an seine Menschenwürde zu erinnern.
5. Sie erhalten ihren Namen nach glorreichen Ereignissen unserer Revolution, nach den wertvollsten und dem Menschen nützlichsten Tugenden, nach den größten Wohltaten der Natur.
7. An den Dekadentagen[144] wird man die Feste feiern, deren Aufzählung folgt: Fest des Höchsten Wesens und der Natur, des Menschengeschlechtes, ..., der Freiheit und der Gleichheit, der Vaterlandsliebe, der Liebe der Kinder zu ihren Eltern, ...[145]

Le Moniteur XX, S. 403

78 **Einsetzung des Revolutionstribunals. Beschluß des Nationalkonvents**[146] vom 10. Juni 1794 (Prairial-Gesetz)

Art. 4. Das Revolutionstribunal wird eingesetzt, um die Feinde des Volkes zu bestrafen.
Art. 5. Die Feinde des Volkes sind diejenigen, die es versuchen, die öffentliche Freiheit zu vernichten, durch Gewalt oder durch List.
Art. 6. Als Feinde des Volkes sind
diejenigen zu betrachten, die die Wiederherstellung des Königreichs bewirken wollen oder die darauf aus sind, den Nationalkonvent verächtlich zu machen oder ihn aufzulösen und damit die republikanische Revolutionsregierung, deren Mittelpunkt der Konvent ist;
diejenigen, die im Kommando über Festungen und Armeen oder in irgendeiner anderen militärischen Funktion die Republik verraten, den Feinden der Republik Spionagedienste geleistet oder dazu beigetragen haben, daß die Versorgung der Armeen leidet;
diejenigen, die es versucht haben, die Versorgung von Paris zu verhindern oder in der Republik Hungersnot hervorzurufen;
diejenigen, die die Pläne der Feinde Frankreichs unterstützen, dadurch daß sie die Straflosigkeit der Verschwörer und des Adels begünstigen, oder dadurch daß sie die Vaterlandsliebe verfolgen oder verleumden, oder die Beauftragten des Volkes bestechen, oder Mißbrauch mit den Prinzipien der Re-

[144] Eine revolutionäre Errungenschaft war die Einführung der zehntägigen Woche, der Dekade. Der sogenannte Dekadentag entsprach dem Sonntag der siebentägigen Woche.

[145] Diese Verordnung wurde entsprechend den Vorschlägen Robespierres einstimmig angenommen.

[146] Dieses Gesetz, als Prairial-Gesetz bekannt, bezeichnet den Höhepunkt der Schreckensherrschaft. Es entsprang aus der Krisensituation im Frühjahr 1794, als die Gegenrevolution außen und innen Fortschritte machte und Mordanschläge auf Robespierre und Collot d'Herbois versucht worden waren. Unmittelbar nach Beschluß dieses Gesetzes begann eine neue Welle von Hinrichtungen: vom 11. Juni bis zum 25. Juli wurden in Paris 1285 Hinrichtungen vollzogen.

Abb. 16. Freiheit oder Tod. Gemälde von J. B. Regnault 1794/95. Jakobinische Allegorie, die die Devise der Verfassung des Jahres II (1793) versinnbildlicht: Freiheit, Gleichheit, Brüderlichkeit oder der Tod (Q 65). Der geflügelte Genius Frankreichs schwebt über der Erdkugel, zeigt mit der Rechten auf die allegorische, in hellem Licht erscheinende Gestalt der Freiheit, die eine Jakobinermütze und ein Winkelmaß mit Lot (Gerechtigkeit) in Händen hält; zu ihren Füßen ein Liktorenbündel (Brüderlichkeit). Mit der Linken zeigt der Genius auf die Knochengestalt des Todes in schwarzem Mantel mit Sense und geraubtem Lorbeerkranz. Vorbild des Genius war der Merkur von Raphael aus der Farnesina in Rom.

volution, mit den Gesetzen oder den Maßnahmen der Regierung durch falsche oder heimtückische Anwendung treiben;
diejenigen, die sich bemühen, Entmutigung zu erzeugen, um die Unternehmen der gegen die Republik alliierten Tyrannen zu begünstigen;
diejenigen, die Falschmeldungen verbreiten, um das Volk zu spalten oder zu beunruhigen;
diejenigen, die darauf aus sind, die öffentliche Meinung zu verwirren und die Aufklärung des Volkes zu verhindern, die Sitten und das öffentliche Gewissen zu zersetzen und die Energie und Reinheit der revolutionären, republikanischen Prinzipien zu verfälschen oder deren Fortschritte zu verhindern, durch gegenrevolutionäre Schriften oder irgendwelche anderen Machenschaften; ...
diejenigen, die mit öffentlichen Ämtern betraut sind und diese mißbrauchen, um den Feinden der Revolution zu dienen, die Patrioten zu drangsalieren, das Volk zu unterdrücken;
schließlich alle diejenigen, die in den vorangegangenen Gesetzen genannt sind und die – mit welchen Mitteln auch immer und wie auch immer getarnt – Anschläge gegen die Freiheit, die Einheit, die Sicherheit der Republik begangen haben oder darauf hinarbeiten, ihre Festigung zu verhindern.
Art. 7. Die Strafe für alle diese Verbrechen, deren Feststellung dem Revolutionstribunal obliegt, ist der Tod.

R. Rémond, a. a. O. Band I, S. 195 f.

79 Maximilien Robespierre über die Verteidigung der Freiheit. Letzte Rede Robespierres vor dem Konvent[147] am 26. Juli 1794

... Wir müssen auf alles Unheil gefaßt sein, das jene Cliquen nach sich ziehen können, die bei uns ungestraft agieren. Inmitten so vieler glühender Leidenschaften und in einem so weitläufigen Reich ziehen sich die Tyrannen, deren Armeen ich zwar flüchten, aber nicht eingekesselt und vernichtet sehe, zurück, um Euch zur Beute Eurer eigenen Zwistigkeiten, die sie selbst anzettelten, und zur Beute einer Armee verbrecherischer Agenten, die Ihr nicht einmal bemerken könnt, werden zu lassen. Lockert für einen Augenblick die Zügel der Revolution, Ihr werdet sehen, wie der militärische Despotismus diese Zügel ergreift und wie der Führer der Cliquen die entwürdigende Volksvertretung umstößt. Ein Jahrhundert des Bürgerkriegs und des Elends wird unser Vaterland verwüsten, und wir werden untergehen, weil wir es versäumt haben, in einem bestimmten Augenblick der Menschheitsgeschichte die Freiheit zu begründen; wir werden unser Vaterland einem Jahrhundert

[147] Angesichts der Zwietracht im Wohlfahrtsausschuß war Robespierre dort seit Ende Juni 1794 nicht mehr erschienen. Am 26. Juli – 8. Thermidor II – ergriff er vor dem Konvent das Wort und versuchte, sich mit Hilfe des Konvents gegen seine Kollegen im Wohlfahrtsausschuß durchzusetzen.

des Elends aussetzen, und das Volk wird unser Andenken verwünschen, das doch der ganzen Menschheit teuer sein sollte!
Volk, erinnere Dich, daß die Freiheit nur ein eitler Name ist, wenn nicht die Gerechtigkeit in der Republik mit absoluter Macht regiert und wenn das Wort Gerechtigkeit nicht Liebe zur Gleichheit und zum Vaterland bedeutet. Volk, das man fürchtet, dem man schmeichelt und das man verachtet, Du anerkannter Souverän, den man immer als einen Sklaven behandelt, erinnere Dich daran, daß überall da, wo es keine Gerechtigkeit gibt, die Leidenschaften der Beamten herrschen, daß dann das Volk nur seine Ketten auswechselt, aber nicht sein Schicksal geändert hat. ...
... Was werden wir also tun? Unsere Pflicht. Was kann man dem vorwerfen, der die Wahrheit sagen will und bereit ist, für sie zu sterben? Sagen wir also: es besteht eine Verschwörung gegen die öffentliche Freiheit; sie dankt ihre Kraft einer frevelhaften Koalition, die im Schoße des Konvents selbst Ränke schmiedet. Diese Koalition hat ihre Mitschuldigen in dem Sicherheitsausschuß und in den Bureaus desselben; diesen Ausschuß haben die Feinde der Republik dem Wohlfahrtsausschuß entgegengestellt, und so sind zweierlei Regierungsbehörden entstanden; Mitglieder des Wohlfahrtsausschusses sind in diesem Komplott. Die so gebildete Koalition sucht die Patrioten und das Vaterland zu verderben. Welches ist das Heilmittel gegen dieses Übel? Die Verräter strafen, die Bureaus des Sicherheitsausschusses erneuern, diesen Ausschuß selber säubern und ihn dem Wohlfahrtsausschuß unterwerfen; den Wohlfahrtsausschuß gleichfalls reinigen, die Einheit der Regierung stiften unter der obersten Autorität des Konvents, der das Zentrum und der Richter ist, und dergestalt alle Cliquen zerschmettern mit der Wucht der nationalen Autorität, um auf ihren Trümmern das Reich des Rechtes und der Freiheit zu errichten. Das sind die Grundsätze. Wenn es unmöglich ist, sie anzurufen, ohne für ehrgeizig gehalten zu werden, so werde ich daraus schließen, daß die Grundsätze geächtet sind und daß bei uns die Tyrannei herrscht, aber deswegen muß ich nicht schweigen, denn was kann man einem Menschen vorwerfen, der Recht hat und für sein Land zu sterben weiß? Ich bin dazu gemacht, das Verbrechen zu bekämpfen, nicht dazu, es zu regieren. Noch ist die Zeit nicht gekommen, daß die Ehrenmänner ungestraft dem Vaterlande dienen können; die Verteidiger der Freiheit werden nur geächtet sein, solange die Horde der Schurken herrscht[148].

M. Robespierre, Oeuvres, a. a. O., S. 542–576

[148] Diese Drohung ohne Namensnennung bewirkte, daß sich die Gegner Robespierres im Wohlfahrts- und Sicherheitsausschuß zusammenschlossen, ihn am folgenden Tag – 9. Thermidor – mit Saint-Just und Couthon in Anklage versetzten und ohne Prozeß hinrichten ließen. Die Volksbewegung war nicht mehr willens noch fähig, die Robespierristen zu retten. In den nächsten Tagen wurden 94 Robespierristen hingerichtet. Es begann die Ächtung und Verfolgung der Jakobiner; Schließung ihres Klubs am 19. November 1794.

VII. Ende der Republik und Kaiserreich

Der thermidorianische Konvent begann mit einem raschen Abbau der Wirtschaftslenkung und der Auflösung der jakobinischen Machtorgane. Innerhalb kurzer Zeit führte die Wirtschaftsfreiheit zu enormen Preissteigerungen und zu Lebensmittelknappheit. Während die Besitzenden wieder offen Luxus zur Schau trugen, ging es den Volksmassen schlechter denn je. Sie begriffen jetzt, was sie an den Jakobinern verloren hatten und unternahmen einen letzten vergeblichen Aufstand. Die neue Verfassung, die 1795 vom Konvent verabschiedet wurde und die das Zensuswahlrecht erneut einführte, besiegelte die Niederlage der Sansculotten. Als der Konvent im Oktober 1795 aufgelöst wurde und gemäß der neuen Verfassung das Direktorium die Macht übernahm, war die Vorherrschaft des Besitzbürgertums wiederhergestellt.
Aber das Direktorium konnte nicht unbesorgt herrschen. Im Laufe seiner vierjährigen Existenz hatte es sich nach rechts und nach links zu verteidigen. Zunächst nach links, gegen die Verschwörung von Babeuf, die jedoch eine relativ geringe Gefahr darstellte, weil keine Volksbewegung dahinter stand. Die Hauptgefahr für das Direktorium kam von rechts. Die Emigranten hatten die Hoffnung auf eine Restauration der Monarchie nicht aufgegeben. Ihre Agenten versuchten, Generäle zu bestechen und im Landesinneren royalistische Agitation zu entfalten. Schließlich verzeichneten die Royalisten erhebliche Erfolge bei den Wahlen 1797. Gegenüber den Gefahren, die der Republik drohten, stützte sich das Direktorium auf das Militär. War die Volksbewegung bis 1794 der Garant der Revolution gewesen, so wurde es jetzt die Armee. Ehrgeizige Generäle konnten mit Umsturzgedanken spielen. Seine siegreiche Kriegsführung und seine politische Begabung erlaubten dem jungen General Bonaparte den Griff nach der Macht.
Das Konsulat, das Bonaparte 1799 durch einen Staatsstreich errichtete, erwarb seine Legitimation durch die militärischen Erfolge im Ausland, aber auch durch die erfolgreichen Bemühungen, Frankreich innenpolitisch zu befrieden. In diesem Sinne betrieb Bonaparte die Aussöhnung mit der katholischen Kirche, die die Ausübung der katholischen Religion wieder ermöglichte. Ebenso gewährte er den Emigranten Amnestie, infolge derer die meisten von ihnen zurückkehrten. Auch die neuen Institutionen, die Bonaparte schuf (Bank von Frankreich, Erziehungswesen, zentralisierte Verwaltung), stabilisierten Frankreich und erwiesen sich als dauerhaft. Das Kaiserreich, das Napoleon 1804 gründete, bewahrte wichtige Errungenschaften der Revolution und sicherte die individuellen Freiheiten und Rechte im Code civil, dem bürgerlichen Gesetzbuch. Zwar wurde die repräsentative Demokratie durch eine autoritäre Herrschaft ersetzt und die Opposition unterdrückt. Das Kaiserreich konnte sich jedoch auf den breiten Konsens der dank ihrer Eroberungen „großen Nation" stützen.
Nach außen war die Wirkung der napoleonischen Politik zwiespältig. Während die revolutionären Bewegungen in den Nachbarländern von Frankreich im Stich gelassen wurden, entwickelten sich in den eroberten Gebieten und bei den besiegten Völkern nationale Bewegungen, die sich gegen die französische Nation richteten. Dennoch wirkte die Französische Revolution weiter in den besetzten Gebieten, in denen die Franzosen den Code civil eingeführt hatten.

Petition der Bürger der Pariser Vorstadt Saint-Antoine an den Nationalkonvent wegen der wirtschaftlichen Not und der politischen Reaktion vom 31. März 1795 (= 11. Germinal III)[149] 80

Seit dem 9. Thermidor geht es uns immer schlechter. Der 9. Thermidor sollte das Volk retten, und das Volk ist das Opfer all der Machenschaften. Man hatte uns versprochen, daß es nach Aufhebung der Höchstpreise[150] alles in Hülle und Fülle geben würde, und die Hungersnot ist schlimmer denn je. Die Einkerkerungen gehen weiter. Das Volk will endlich frei sein; es weiß, daß, wenn es unterdrückt ist, gemäß der Erklärung der Menschenrechte der Aufstand eine seiner Pflichten ist. Warum ist Paris ohne Magistrat? Warum hat man die Volksgesellschaften[151] geschlossen? Wo bleiben unsere Ernten? Warum verlieren unsere Assignaten von Tag zu Tag an Wert? Warum dürfen sich all die Fanatiker und die Jugend des Palais-Royal versammeln? Wenn Gerechtigkeit nicht ein leeres Wort sein soll, verlangen wir die Bestrafung der Verhafteten oder ihre Freilassung. Wir verlangen, daß man alle Mittel anwendet, um das fürchterliche Elend des Volkes zu beheben, ihm seine Rechte zurückzugeben, rasch die demokratische Verfassung von 1793 in Kraft zu setzen. Wir stehen bereit, die Republik und die Freiheit zu verteidigen.

A. Aulard, Paris pendant la réaction thermidorienne et sous le Directoire. Paris 1898, Band I, S. 622

Boissy d'Anglas[152] über den Entwurf zur Direktorialverfassung – Rede vom 23. Juni 1795 81

... Schließlich müssen Sie das Eigentum der Reichen garantieren. Alles, was ein vernünftiger Mensch verlangen kann, ist die Gleichheit vor dem Gesetz (égalité civile). Die absolute Gleichheit ist ein Hirngespinst. Wir müssen von den Besten regiert werden. ...; nun werden Sie mit wohl sehr wenigen Ausnahmen derartige Menschen nur unter denen finden, die, da sie Eigentum besitzen, dem Land verpflichtet sind, in dem ihr Eigentum besteht, den Gesetzen, die es schützen, der Ordnung, die es bewahrt. Ein von den Besitzenden regiertes Land hat soziale Ordnung; das, in dem die Nichtbesitzenden herrschen, befindet sich im Naturzustand. ...

Le Moniteur XXV, S. 281

---

[149] Am Tag nach der Überreichung dieser Petition, am 1. April 1795, brach eine Volksmenge mit dem Ruf „Brot und die Verfassung von 1793" in den Konvent ein.

[150] Während der Jakobinerdiktatur war am 29. September 1793 unter dem Druck der Volksbewegung ein allgemeines Preis-Maximum dekretiert worden, so wie am 23. Juli 1794 in Paris ein Lohn-Maximum. Gerade letzteres befriedigte die Massen jedoch nicht, da es die Löhne fixierte. Als aber die Thermidorianer am 24. Dezember 1794 das Maximum aufhoben und damit die Massen schutzlos der Inflation auslieferten, nahm die Volksbewegung den Kampf für das Maximum wieder auf.

[151] Ab 1790 waren Volksgesellschaften als politische Klubs der Passivbürger entstanden. 1792/93 wirkten sie für Propagierung der Politik der Jakobiner.

[152] 1756–1826, Advokat, gehörte als Konventsabgeordneter der „Ebene" (Zentrum) an. Als Thermidorianer an der Ausarbeitung der Verfassung von 1795 beteiligt.

Abb. 17. Erstürmung des Konvents am 20. Mai 1795 (Prairialaufstand). Stich von Berthault. Der Versuch der Volksbewegung, den Konvent zur Verwirklichung der Verfassung von 1793 zu bringen. Dabei wurde der Sitzungssaal der Nationalversammlung gestürmt. Man beachte den Aufbau des Sitzungssaals mit dem Halbrund der ansteigenden Bänke. Ihnen gegenüber Rednertribüne und Präsidentensitz. Oben rundherum die Zuschauertribünen.

82 Die Verfassung vom 23. September 1795[153]:

1. Es gibt nur eine unteilbare französische Republik.
2. Die Gesamtheit der französischen Bürger ist der Souverän.

...

8. Jeder in Frankreich geborene und sich aufhaltende Mensch, der, wenn er volle 21 Jahre alt ist, sich in das Bürgerregister seines Kantons hat eintragen lassen, der hierauf ein Jahr lang auf dem Gebiet der Republik gelebt hat und eine direkte Grund- oder Personalsteuer zahlt, ist französischer Bürger.

[153] Auch nach dem Sturz Robespierres war die vom Konvent 1793 beschlossene Verfassung (s. Q 65) nicht in Kraft gesetzt worden, sondern der Konvent regierte weiterhin diktatorisch. Als im Frühjahr 1795 die aufständischen Pariser Arbeiter die Verwirklichung der Verfassung von 1793 forderten, schuf der Konvent eine neue Verfassung (Direktorialverfassung), die den politischen Ansprüchen der Volksmassen einen Riegel vorschob und das Besitzbürgertum beruhigte (vgl. Q 41 und 65), indem sie wieder den Zensus einführte.

...

17. Die Urversammlungen bestehen aus den in einem Kanton wohnhaften Wählern.

...

26. Die Urversammlungen treten zusammen: 1) um die durch die Revisionsversammlungen vorgeschlagenen Veränderungen in der Verfassungsurkunde anzunehmen oder zu verwerfen; 2) um die Wahlen vorzunehmen, die ihnen nach der Verfassung zustehen.

...

33. Jede Urversammlung ernennt auf je 200 gegenwärtige oder abwesende Bürger, die in solcher Versammlung das Stimmrecht haben, einen Wähler...

...

35. Niemand kann zum Wähler ernannt werden, wenn er nicht volle 25 Jahre alt ist und wenn er nicht mit den zur Ausübung der Rechte eines französischen Bürgers erforderlichen Eigenschaften eine der folgenden Bedingungen vereinigt, nämlich:
in den Gemeinden mit über 6000 Einwohnern – daß er Eigentümer oder Nutznießer eines Gutes ist, das zu einem Ertrag geschätzt ist, der an Wert 100 Taglöhnen gleichkommt, oder Mieter einer Wohnung ist, die auf einen Wert geschätzt wird, der 150 Taglöhnen entspricht, oder Pächter eines Feldstükkes, dessen Wert auf 200 Taglöhne geschätzt wird;...

...

41. Die Wahlversammlungen wählen, je nachdem der Fall eintritt, 1) die Glieder des gesetzgebenden Körpers, nämlich: die Glieder des Rates der Alten, sodann die Glieder des Rates der Fünfhundert; 2) die Glieder des Berufungsgerichtes; 3) die Hochgeschworenen; 4) die Departementsverwalter; 5) die Präsidenten, öffentlichen Ankläger und Schreiber des Strafgerichts; 6) die Richter der Zivilgerichte.

...

44. Der gesetzgebende Körper ist aus einem Rat der Alten und einem Rat der Fünfhundert zusammengesetzt.
45. In keinem Fall kann der gesetzgebende Körper einem oder mehreren seiner Mitglieder noch irgend sonst jemandem irgendeine der Amtsverrichtungen übertragen, die ihm durch die gegenwärtige Verfassung übereignet sind.

...

76. Der Vorschlag der Gesetze kommt ausschließlich dem Rate der Fünfhundert zu.

...

86. Dem Rate der Alten kommt es ausschließlich zu, die Beschlüsse des Rates der Fünfhundert zu genehmigen oder zu verwerfen.

Les Constitutions de la France depuis 1789. A. a. O. S. 103 ff.

83 **Sylvain Maréchal[154]: Manifest der Gleichen,** Januar 1796

Volk Frankreichs!

Fünfzehn Jahrhunderte lang hast Du versklavt gelebt und daher unglücklich. Seit sechs Jahren atmest Du ein wenig auf, in Erwartung der Unabhängigkeit, des Glücks und der Gleichheit. Die Gleichheit! Erster inniger Wunsch der Natur, erstes Bedürfnis des Menschen und wichtigstes Band jeder gesetzmäßigen Vereinigung!

...Seitdem es Gesellschaften gibt, hat man das schönste Erbteil des Menschen widerspruchslos anerkannt, aber man hat es noch nicht ein einziges Mal in die Wirklichkeit umsetzen können: die Gleichheit war nichts weiter als eine schöne, unfruchtbare Fiktion des Gesetzes. Heute, da sie mit lauter Stimme gefordert wird, erwidert man uns: Schweigt, Ihr Elenden! die tatsächliche Gleichheit ist nur ein Hirngespinst; begnügt Euch mit der bedingten Gleichheit: vor dem Gesetz seid Ihr alle gleich. Pöbel, was brauchst Du mehr?

Nun! Wir beanspruchen, daß wir von nun an in Gleichheit leben und sterben können, wie wir geboren sind: wir wollen die tatsächliche Gleichheit oder den Tod; das brauchen wir.

Und wir werden diese tatsächliche Gleichheit bekommen, koste es, was es wolle. Wehe denen, auf die wir zwischen ihr und uns stoßen! Wehe dem, der sich einem so verkündeten Wunsch widersetzen sollte!

Die französische Revolution ist nur die Vorläuferin einer anderen viel größeren, viel ernsteren Revolution, und diese wird die letzte sein.

Das Volk ist über die Leichen der Könige und der ihnen verbündeten Priester hinweggeschritten; so wird es auch den neuen Tyrannen ergehen, den neuen politischen Heuchlern, die den Platz der früheren eingenommen haben.

Was brauchen wir über die Gleichheit der Rechte hinaus?

Wir brauchen nicht nur jene Gleichheit, wie sie in der Erklärung der Menschen- und Bürgerrechte bestimmt worden ist; wir wollen sie inmitten von uns, unter dem Dach unserer Häuser. Um ihretwillen nehmen wir alles hin, um reinen Tisch zu machen und uns nur an sie allein zu halten. Mögen, wenn es sein muß, alle Künste vergehen, wenn uns nur die tatsächliche Gleichheit bleibt. ...

Das Agrargesetz[155] oder die Aufteilung der Ländereien war der plötzliche Wunsch einiger Soldaten ohne grundsätzliche Forderungen, einiger Volksstämme, die eher ihrem Instinkt folgten als ihrem Verstand. Wir streben etwas viel Erhabeneres und Gerechteres an, den Gemeinbesetz oder die Gü-

---

[154] 1750–1803. Gegen das Direktorialsystem, das sich als unfähig erwies, das wirtschaftliche Elend der breiten Massen zu beheben, bildete sich, nachdem die letzten Volksaufstände im April und Mai 1795 niedergeschlagen worden waren, unter Führung von Babeuf (vgl. Anm. 157) eine Untergrundbewegung, die den Umsturz der Klassengesellschaft plante. Ihre Ideen faßte Maréchal, ein Freund Babeufs, in dem „Manifest der Gleichen" zusammen.

[155] Vgl. Anm. 110.

tergemeinschaft. Kein Privateigentum mehr an Grund und Boden, die Erde gehört niemandem. Wir fordern, wir wollen die gemeinschaftliche Nutznießung aller Früchte der Erde: ihre Früchte gehören jedermann.

Wir erklären, daß wir nicht mehr dulden können, daß die überwiegende Mehrheit der Menschen arbeitet und Schweiß vergißt im Dienste einer verschwindenden Minderheit und nach deren Lust und Laune.

Lange genug und schon zu lange verfügen weniger als eine Million Menschen über das, was mehr als zwanzig Millionen ihresgleichen, ihren Mitmenschen gehört.

Dieser große Skandal, den unsere Nachkommen nicht für möglich halten werden, muß endlich aufhören. Verschwindet endlich, empörende Unterschiede von Reichen und Armen, von Großen und Kleinen, von Herren und Knechten, von Herrschern und Beherrschten.

Zwischen den Menschen soll es keine anderen Unterschiede mehr geben als die des Alters und des Geschlechts. Da alle Menschen die gleichen Bedürfnisse und die gleichen Fähigkeiten haben, darf es also für sie auch nur eine Erziehung, eine Nahrung geben. Sie begnügen sich mit einer einzigen Sonne und gleicher Luft für alle; warum sollten nicht die gleiche Menge und die gleiche Güte der Nahrungsmittel für jeden von ihnen genügen?...

F. Buonarotti[156], Conspiration pour l'égalité dite de Babeuf... Paris 1957, Band II, S. 94 ff.

Gracchus Babeuf[157]: Wir werden die Ketten brechen, 25. April 1796 **84**

Jetzt ist es soweit. Der Terror gegen das Volk ist an der Tagesordnung. Es ist nicht mehr erlaubt, miteinander zu reden; es ist nicht mehr erlaubt zu lesen; es ist nicht mehr erlaubt zu denken. Es ist nicht mehr erlaubt, zu sagen, daß wir leiden; es ist nicht mehr erlaubt, immer wieder zu sagen, daß wir unter der Herrschaft der abscheulichsten Tyrannen leben... Es wurde angeordnet, daß die Regierung das Volk ungehindert und ohne Widerrede ausplündern, aushungern, erniedrigen, in Ketten legen, quälen und in den Untergang treiben kann. Es wurde angeordnet, diese Unterdrückung zu loben, zu bewundern, zu segnen und deutlich zu sagen, daß es auf der Welt nichts Schöneres, nichts Anbetungswürdigeres gäbe. ...

Wieviel windige Marktschreierei und hinterhältige Bosheit, wieviel grobe Lügen und törichte Trugschlüsse, wieviel abgenutzte Verleumdungen und nichtssagende Phrasen enthält doch diese Bekanntmachung des Direktoriums zur Frage der angeblich „aufrührerischen" Schriften, Reden und Versammlungen! Man versucht darin, den Menschen vorzulügen, wir forderten

---

[156] 1761–1837, Anhänger Babeufs, der eine Geschichte der „Verschwörung für die Freiheit" verfaßt hat, die 1828 zum ersten Mal erschien und von der sozialistischen Bewegung der 30er Jahre stark beachtet wurde.

[157] 1760–1797, von Beruf Feldmesser, früher Kommunist. Nach Aufdeckung der von ihm organisierten „Verschwörung der Gleichen" zum Sturz des Direktoriums wurde er nach einem langen Prozeß zum Tode verurteilt und hingerichtet.

„die Ausplünderung auch des winzigsten Kaufladens und des primitivsten Haushalts" – als ob nicht gerade und allein die Regierung diese Ausplünderung raffiniert durchzuführen verstanden hätte! Als ob nicht gerade das Hungersystem der Regierung die unglücklichen kleinen Leute dazu gebracht hätte, selbst alles, was noch in ihrem „primitiven Haushalt" und in ihren „winzigen Läden" vorhanden war, zum Wucherer und gewissenlosen Großeinkäufer zu tragen! Als ob noch etwas zum Plündern übrig wäre! Als ob nicht gerade wir – die wir weit entfernt davon sind, das zu wollen, was die Regierung uns unterstellt – stets klar und deutlich verkündet hätten, daß wir die Wiedergesundung und Stärkung der „winzigen Läden und kleinen Haushalte" wollen, indem ihnen mindestens das wieder zugeführt wird, was das „gesetzlich" anerkannte Raubsystem daraus weggetragen hat. Als ob sich nicht alle Besitzer normaler Vermögenswerte durch unsere freimütigen Erklärungen hätten beruhigt fühlen müssen! Als ob wir nicht stets erklärt hätten, daß wir nur die Riesenvermögen zerschlagen und alle übrigen vergrößern wollen.

Volkstribun Nr. 43[158]; abgedruckt in: G. Babeuf, Ausgewählte Schriften. Berlin, S. 106 f.

85 Napoleon nennt die Republik eine Wahnvorstellung. Vertrauliche Erklärungen des Generals Bonaparte gegenüber dem französischen Gesandten in der Toskana, am 1. Juli 1797

Glauben Sie, daß ich in Italien Siege erfechte, um damit das Ansehen der Advokaten[159] des Direktoriums zu erhöhen, von Leuten wie Carnot[160] und Barras[161]? Glauben Sie vielleicht, daß ich eine Republik begründen will? Welcher Gedanke!... Das ist eine Wahnvorstellung, in die die Franzosen vernarrt sind, die aber auch wie so manches andere vergehen wird. Was sie brauchen, ist Ruhm, die Befriedigung ihrer Eitelkeit, aber von der Freiheit verstehen sie nichts. Blicken Sie auf die Armee! Die Erfolge und die Triumphe, die wir soeben davongetragen haben, die haben den wahren Charakter des französischen Soldaten wieder hervortreten lassen. Für ihn bin ich alles. Das Direktorium soll es sich nur einfallen lassen, mir das Kommando über die Armee wegzunehmen! Dann wird man sehen, wer der Herr ist. Die Nation braucht einen Führer..., aber keine Theorien über Regierung, keine großen Worte, keine Reden von Ideologien, die die Franzosen nicht verstehen... Ich bin am Frieden nicht interessiert. Sie sehen, was ich bin, was ich jetzt in Italien vermag. Wenn Frieden geschlossen ist, wenn ich nicht mehr an der Spitze dieses mir ergebenen Heeres stehe, muß ich auf diese Macht, auf diese hohe Stel-

[158] In dieser letzten Nummer seiner Zeitschrift protestierte Babeuf gegen die Repressionsmaßnahmen des Direktoriums, darunter die Todesstrafe für die Befürwortung der Verfassung von 1793; vgl. Q 65.

[159] Die meisten der führenden Revolutionspolitiker waren Advokaten.

[160] 1755–1823, Mitglied des Konvents und des Wohlfahrtsausschusses, Organisator der republikanischen Armeen und Feldzüge, einer der Organisatoren des 9. Thermidor, Mitglied des Direktoriums seit 1795.

[161] 1755–1829, Mitglied des Konvents und des Direktoriums seit 1795.

lung, die ich mir verschafft habe, verzichten und im Luxemburg-Palast[162] Advokaten den Hof machen. Ich möchte Italien nur verlassen, um in Frankreich eine Rolle zu spielen, ungefähr der ähnlich, die ich hier spiele; aber der Augenblick ist noch nicht gekommen, die Birne ist noch nicht reif... Ich will gerne eines Tages die republikanische Partei schwächen, aber es soll zu meinem eigenen Nutzen sein und nicht zu dem der alten Dynastie. Vorläufig gilt es, mit den Republikanern zu gehen...

Miot de Mélito, Mémoires. Paris 1858, Bd. I, S. 163f.

Tagesbefehl des Generals Bonaparte an sein Heer vom 14. Juli 1797 **86**

Soldaten, heute ist die Jahresfeier des 14. Juli. Ihr seht vor euch die Namen eurer auf dem Felde der Ehre für die Freiheit des Vaterlandes gefallenen Waffenbrüder; sie haben euch ein Beispiel gegeben. Ihr seid der ganzen Republik verpflichtet; ihr seid ganz dem Glück von 30 Millionen Franzosen verpflichtet; ihr seid ganz dem Ruhm jenes Namens verbunden, der durch eure Siege neuen Glanz empfangen hat. Soldaten, ich weiß, ihr seid tief betrübt über die Leiden, die dem Vaterland drohen[163]; aber das Vaterland kann nicht ernstlich gefährdet werden. Hier stehen die Männer, die es zum Triumph über das verbündete Europa geführt haben. Berge trennen uns von Frankreich; ihr würdet sie mit Adlerflügeln überqueren, wenn es nötig sein sollte, um die Verfassung aufrechtzuerhalten, die Freiheit zu verteidigen, die Regierung und die Republikaner zu schützen[164]. Soldaten, die Regierung wacht über dem Heiligtum der Gesetze, das ihr anvertraut ist. Sobald die Royalisten sich nur zeigen, haben sie auch gelebt. Seid ohne Sorge, und laßt uns schwören bei den Manen der Helden, die an unserer Seite für die Freiheit gefallen sind, schwören auf unsere neuen Fahnen: Krieg ohne Gnade den Feinden der Republik und der Verfassung des Jahres III.

Correspondance de Napoléon Bonaparte, n° 2010. Vgl. J. Godechot, La Pensée révolutionnaire 1780–1799. Paris 1964, S. 278

Überlegungen des Generals Napoleon Bonaparte zur Verfassung Frankreichs – **87**
Brief des Generals an den Außenminister Talleyrand[165] vom 19. September 1797

Großes Hauptquartier, Passariano, den 19. September 1797
Trotz unseres Hochmuts, unserer unzähligen Broschüren und geschwätzigen Ansprachen sind wir auf dem Gebiet der politischen Wissenschaften sehr

---

[162] Pariser Königsschloß, damals Sitz der Direktorialregierung, heute Sitz des französischen Senats.
[163] Hiermit gemeint die von den Royalisten drohende Gefahr.
[164] Zu jener Zeit unterhielt Napoleon (geboren auf Korsika als Napoleone Buonaparte, 1769–1821) enge Verbindung mit dem Direktorium in Paris und unterstützte dessen Politik; der Staatsstreich des Direktoriums vom 4. September 1797, durch den die royalistische Mehrheit der letzten Wahlen ausgeschaltet und die Republik gesichert wurde, glückte mit Hilfe der von Napoleon zur Verfügung gestellten Truppen.
[165] Vgl. Anm. 65.

unwissend. Wir haben noch nicht definiert, was man unter ausführender, gesetzgebender und richterlicher Gewalt versteht. Montesquieu[166] hat uns falsche Definitionen gegeben; nicht weil dieser berühmte Mann wirklich nicht dazu fähig gewesen wäre, aber sein Werk ist, wie er selbst sagt, nur eine Art Analyse dessen, was einst bestanden hat; es ist eine Zusammenfassung von Reise- und Lektüre-Notizen. ...
Warum aber sollte man der gesetzgebenden Gewalt wirklich das Recht zusprechen, Krieg zu erklären und Frieden zu schließen, das Recht, Ausmaß und Art der Steuern festzusetzen? ...
Warum soll man bei einer Regierung, in der alle Macht vom Volke ausgeht, in der das Volk der Herrscher ist, der gesetzgebenden Gewalt Befugnisse zuerkennen, die ihr fremd sind?
Seit fünfzig Jahren sehe ich nur eine Sache, die wir gut definiert haben, die Volkssouveränität, aber wir sind in der Bestimmung dessen, was verfassungsmäßig ist, nicht glücklicher gewesen als bei der Aufteilung der verschiedenen Staatsgewalten.
Die verfassungsmäßige Organisation des französischen Volkes ist wirklich ein erster Entwurf.
Die Regierungsgewalt in ihrem ganzen Ausmaß, so wie ich es sehe, sollte als der wahre Vertreter des Volkes betrachtet werden. ...

Correspondance de Napoléon Bonaparte, n° 2223. Vgl. J. Godechot, a. a. O., S. 282 ff.

88 **Lucien Bonaparte[167]: Gewalt gegen den Rat der 500.** Rede vor der Garde der gesetzgebenden Körperschaft am 10. November 1799 in Saint-Cloud

Der Präsident des Rates der 500 erklärt euch, daß die übergroße Mehrheit dieses Rates unter dem Druck einiger mit Dolchen bewaffneter Mitglieder steht, die ihren Kollegen den Tod androhen und die schrecklichsten Überlegungen anstellen. Ich erkläre euch, daß diese ohne Zweifel von England bezahlten Schurken sich gegen den Rat der Alten empört und daß sie es gewagt haben, den mit der Ausführung des Dekrets[168] beauftragten General zu ächten. Ich erkläre euch, daß diese kleine Zahl Rasender[169] sich durch ihre Anschläge gegen die Freiheit dieses Rates selbst geächtet hat. ... Den Soldaten übertrage ich die Aufgabe, die Mehrheit ihrer Vertreter zu befreien. Generäle, und ihr Soldaten, und ihr alle, Bürger, als Gesetzgeber in Frankreich wer-

[166] Vgl. Anm. 4
[167] 1775–1840, Bruder Napoleons und Präsident des Rates der 500, der, als am 9./10. November 1799 der Staatsstreich des Generals Bonaparte an dem Widerstand der Abgeordneten zu scheitern drohte, das Militär zu der entscheidenden Aktion gegen die Volksvertretung aufrief.
[168] Der überraschte und eingeschüchterte Rat der Alten hatte dem General Bonaparte Sondervollmachten übertragen.
[169] Die Masse der Mitglieder des Rates der 500 hatte sich gegen den General Bonaparte erklärt und seine Ächtung verlangt.

det ihr nur die anerkennen, die sich um mich zusammenschließen. Was die angeht, die weiter in der Orangerie[170] zusammenbleiben wollen, die werden wir mit Gewalt vertreiben! Diese Schurken sind nicht mehr Vertreter des Volkes, sondern Vertreter des Dolches.

J. Isaac, L'Epoque révolutionnaire. Paris 1950, S. 217

Die Konsulatsverfassung vom 13. 12. 1799[171] **89**

25. Es sollen neue Gesetze nur verkündet werden, wenn der Vorschlag dazu von der Regierung gemacht, dem Tribunat mitgeteilt und von der gesetzgebenden Körperschaft angenommen sein wird.

...

31. Die gesetzgebende Körperschaft besteht aus 300 Mitgliedern, die wenigstens 30 Jahre alt sein müssen. Ein Fünftel derselben wird jedes Jahr erneuert.

...

39. Die Regierung ist drei Konsuln, die auf 10 Jahre ernannt werden und unbeschränkt wieder wählbar sind, anvertraut. Jeder derselben wird einzeln, mit der unterschiedlichen Eigenschaft des ersten, des zweiten oder des dritten Konsuls erwählt. Die Verfassung ernennt zum ersten Konsul den Bürger Bonaparte, gewesenen provisorischen Konsul.

...

41. Der erste Konsul verkündet die Gesetze; er ernennt und ersetzt nach seinem Willen die Mitglieder des Staatsrats, die Minister, die Gesandten und andere auswärtige Oberbeamte, die Offiziere der Land- und Seemacht, die Mitglieder der örtlichen Verwaltungen und Regierungskomissare bei den Gerichtshöfen. Er ernennt alle Straf- und Zivilrichter, ausgenommen die Friedens- und Berufungsgerichtsrichter, ohne jedoch sie absetzen zu können.

42. In den übrigen Regierungshandlungen haben der zweite und der dritte Konsul beratende Stimme.

...

44. Die Regierung schlägt die Gesetze vor.

Les Constitutions de la France depuis 1789. A. a. O. S. 154ff.

---

[170] Der Saal des Schlosses in Saint-Cloud, in dem der Rat der 500 seine Sitzung am 10. November 1799 abhielt.

[171] Das Werk zweier Kommissionen, auf das Napoleon selbst entscheidenden Einfluß ausgeübt hat. Durch eine Volksabstimmung wurde die neue Verfassung am 18. Februar 1800 mit 3 011 007 gegen 1562 Stimmen gebilligt; allerdings war sie bereits zuvor durch Napoleon in Kraft gesetzt worden. Nach der von Napoleon selbst verfaßten Einführungsproklamation sollte sie starke und stabile Einrichtungen schaffen, die Rechte der Bürger und die Interessen des Staates garantieren und dabei auf den „geheiligten Rechten des Eigentums, der Gleichheit und der Freiheit ruhen". „Die Revolution", hieß es darin, „ist auf die Grundsätze gebracht, von denen sie ausgegangen ist; sie ist beendet."

Abb. 18. Napoleon Bonaparte am St.-Bernhard-Paß. Gemälde von J. L. David 1800. Das Bild zeigt den General Bonaparte bei der Überquerung des Großen Sankt Bernhard im Mai 1800. Er wird hier als allegorische Heldengestalt dargestellt. (In Wirklichkeit hatte er den Paß auf einem Maulesel überquert.) Mit seiner Rechten weist der General auf noch zu erklimmende Höhen. In die Felsen sind die Namen Karls des Großen und Hannibals eingeritzt. David, der unter den Jakobinern eine wichtige Rolle gespielt hatte und der später der offizielle Maler des Kaiserreichs wurde, malte das Bild 1801 in verschiedenen Fassungen.

90 Proklamation des Senats vom 2. August 1802[172]:

Artikel 1. Das französische Volk ernennt und der Senat proklamiert Napoleon Bonaparte zum lebenslänglichen ersten Konsul.

Les Constitutions de la France depuis 1789. A. a. O. S. 167

91 Rede François de Jauberts[173] vor dem Tribunat für die Errichtung des Kaiserreiches, 2. Mai 1804

... Eine Wahrheit, die die Geschichte bestätigt hat, ist, daß ein großer Staat Spaltungen nur mit einer erblichen Exekutivgewalt vermeiden kann.
Das Wahlsystem ist nur eine fürchterliche revolutionäre Theorie. Jede Änderung läßt den persönlichen Ehrgeiz ausbrechen, nährt den Parteiengeist, eröffnet Möglichkeiten für Intrigen, liefert den Neuerern Vorwände, schmeichelt der Eifersucht des Auslands, weckt dessen Hoffnungen.

---

[172] Nachdem der Senat Napoleon am 8. Mai 1802 auf 10 Jahre erneut zum 1. Konsul wiedergewählt hatte, ließ Napoleon dem französischen Volk folgende Frage zur Abstimmung vorlegen: „Soll Napoleon Bonaparte Konsul auf Lebenszeit werden?" Das Ergebnis war: 3 600 000 Ja-, 8374 Nein-Stimmen.

[173] 1758–1822, Advokat, Girondist, überlebte die Terreur. 1804 Präsident des Tribunats, 1807–1814 Gouverneur der Bank von Frankreich, Mitarbeiter am Code civil.

In Frankreich ist die Lehre von der Erblichkeit mit der Nation verbunden... Ah, wie ergriffen waren wir, als am 10. November 1799 (19. Brumaire IX) der Retter Frankreichs die denkwürdigen Worte vernehmen ließ: „Die Revolution ist an die Grundsätze gebunden, mit denen sie begonnen hat."
Was wollten wir 1789? Das Eingreifen unserer Vertreter bei der Festlegung der Steuern, die Abschaffung des Feudalsystems, die Vernichtung jeglicher für die moralischen und intellektuellen Kräfte beleidigenden Unterscheidungen, die Beseitigung der Mißbräuche, die Pflege aller liberalen Gedanken, die Garantie für den Wohlstand im Inneren und für unsere Achtung im Ausland; das sind die wahren Wünsche der Nation gewesen, und alle Franzosen hatten deutlich gespürt, daß sich diese Wünsche nur mit einer Erbdynastie und mit Einrichtungen verwirklichen ließen, die die Bürger gegen die Irrtümer der Regierung schützen. ...
Das französische Volk will die Quelle der politischen Unruhen austrocknen, aber es will auch die Früchte seiner langen und mühseligen Arbeit bewahren, es will sie der fernsten Nachwelt sichern. Die Nation hängt also nicht von einem Thron feudaler Art ab. ...
Ja, wenn die Franzosen einen neuen Thron schaffen wollen, wenn es sich darum handelt, ihn auf Grundlagen zu errichten, die der größten Nation der Welt würdig sind, welches aufgeklärte Volk, welche Regierung guten Willens könnte sie für so unvernünftig halten, so sehr Feind ihrem Ruhm, den Interessen jedes Bürgers und der Würde der Nation, um an Trümmer zu denken, die man unmöglich wiedervereinigen kann, ohne auf die Ruhe zu verzichten, die wir genießen und die uns so große Opfer gekostet hat, ja Kämpfe und Rache, den Bürgerkrieg, die Zerstückelung Frankreichs, die Vernichtung aller mit Frankreich vertrauensvoll geschlossenen Verträge? Das wäre das Unglück, das wir erleiden müßten! Die ganze Frucht der Revolution wäre uns auf immer geraubt, den Franzosen, die überleben würden, wie auch den zukünftigen Generationen.
Aber wenden wir uns von einem derart jämmerlichen Bilde ab, und denken wir nur daran, der Vorsehung zu danken, die uns seit langem den Chef einer neuen Dynastie angekündigt hat.
Napoleon Bonaparte hatte durch seine Heldentaten jenes Italien in Erstaunen versetzt, das seit Jahrhunderten gewohnt war, nur von römischen Heeren zu sprechen. Er gibt dem Kontinent den Frieden, Afrika ist Zeuge neuer Wundertaten, sein Ruhm durchstrahlt Asien, er erfüllt die Welt... Ja, wer könnte all die Wunder nennen, die er seit seinem Aufstieg zum Konsulat vollbracht hat! Betrachten Sie, was vier Jahre hervorgebracht haben: Die Grundlagen der Verwaltung sind festgelegt, in die Finanzen ist Ordnung gebracht, die Armee ist organisiert; die Schlacht von Marengo[174], die über das Schicksal des Kontinents entschied, wurde improvisiert; Europa ist befriedet, der Handel ist in Gang gebracht, die Industrie ermutigt, so auch die Künste

[174] Entscheidender Sieg Napoleons 1801 im 2. Koalitionskrieg über die Österreicher.

und die Wissenschaften; die Altäre sind wieder aufgerichtet[175], Friede wird den Gewissen zuteil, die Zufluchtsstätten der leidenden Menschheit erhalten Zuwendungen, das staatliche Unterrichtswesen ist neu aufgebaut; gewaltige Arbeiten werden angeordnet und vollendet; Frankreich erhält ein einheitliches bürgerliches Gesetzbuch, dem er den Stempel seines Genies aufgedrückt hat; jeglicher Parteiengeist ist ausgelöscht, alle Verbitterung beruhigt; alle Interessen sind in Übereinstimmung miteinander gebracht, alle Opfer unglücklicher Zeiten zurückgerufen; eine meineidige Regierung[176] muß erzittern angesichts von Vorbereitungen, die ihr die schreckliche Katastrophe ankündigen, falls sie sich nicht beeilt, zu Gedanken der Gerechtigkeit zurückzukehren. All diese Leistungen werden den kommenden Jahrhunderten die tiefe Ergebenheit erklären, von der die Franzosen für Napoleon Bonaparte durchdrungen sind, so auch die Zeugnisse der Liebe, die ihm die Nation entgegenbringt, diesen so stark ausgesprochenen Wunsch: daß jener, dem die Republik so großen Ruhm und so große Wohltaten verdankt, einwilligen möge, ihr Kaiser genannt zu werden und die ausführende Gewalt in seiner Familie festzulegen.

Le Moniteur universel, 3. Mai 1803, Nr. 223, S. 1011

92 Grundbeschluß des französichen Senats vom 18. Mai 1804: Frankreich wird Kaiserreich[177]

Titel I

Art. 1. Die Regierung der Republik wird einem Kaiser anvertraut, der den Titel „Kaiser der Franzosen" annimmt.

Recht wird gesprochen im Namen des Kaisers durch die Beamten, die er einsetzt.

Art. 2. Napoleon Bonaparte, gegenwärtiger erster Konsul der Republik, ist Kaiser der Franzosen.

Titel II. Von der Erbfolge

Art. 3. Die kaiserliche Würde ist in der direkten, natürlichen und legitimen Nachkommenschaft Napoleon Bonapartes erblich, in männlicher Linie gemäß dem Erstgeburtsrecht und unter dauerndem Ausschluß der Frauen und ihrer Nachkommenschaft.

Titel VII. Von den Eiden

Art. 53. Der Eid des Kaisers hat folgenden Wortlaut:

„Ich schwöre, die Unversehrtheit des Gebietes der Republik aufrechtzuerhalten, die Gesetze des Konkordats und die Religionsfreiheit zu achten und achten zu lassen, die Gleichheit der Rechte, die politische und die bürgerliche

[175] Infolge des Abschlusses eines Konkordats mit Papst Pius VII. 1801.
[176] Hiermit ist die englische Regierung gemeint, der eine Invasion in England angedroht wird.
[177] Auch die Umwandlung Frankreichs in ein Kaiserreich wurde dem Volk zur Abstimmung vorgelegt, das sich am 6. November 1804 mit 3572329 dafür, mit 2579 dagegen aussprach.

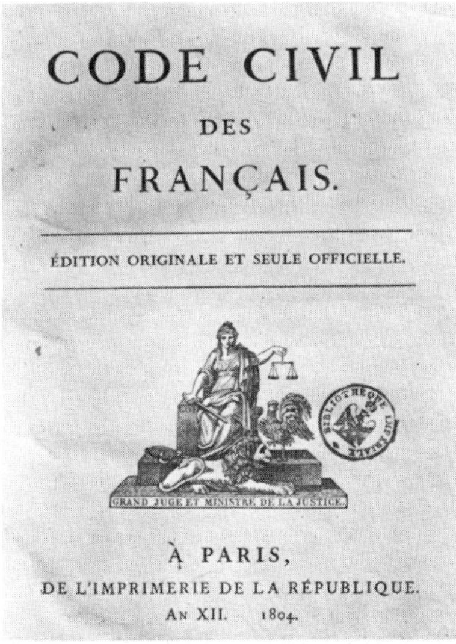

CODE CIVIL
DES
FRANÇAIS.

ÉDITION ORIGINALE ET SEULE OFFICIELLE.

GRAND JUGE ET MINISTRE DE LA JUSTICE.

À PARIS,
DE L'IMPRIMERIE DE LA RÉPUBLIQUE.
AN XII. 1804.

Napoleons
Gesetzbuch.

Einzig officielle Ausgabe für das
Großherzogthum Berg.

Düsseldorf,
In der Großherzoglich-Bergischen Regierungs-Buchdruckerey,
bey X. Levrault, Hafenstraße, N.ro 871.
1810.

Abb. 19. Code civil. a) Titelblatt der 1. Ausgabe des Code civil 1804 (an XII). b) Titelblatt einer deutschen Ausgabe des Code civil. Das Großherzogtum Berg gehörte von 1806 bis 1814 zum französischen Einflußgebiet. In der preußischen Rheinprovinz, der bayrischen Pfalz und Rheinhessen blieb das französische Gesetzbuch bis weit ins 19. Jahrhundert in Kraft.

Freiheit, die Unwiderruflichkeit des Verkaufs der Nationalgüter zu achten und achten zu lassen, Steuern zu erheben und Abgaben festzulegen nur auf Grund von Gesetzen, die Einrichtung der Ehrenlegion zu erhalten, zu regieren nur im Hinblick auf das Interesse, das Glück und den Ruhm des französischen Volkes."

Les Constitutions de la France depuis 1789. A. a. O. S. 185 ff.

Literaturhinweise

1. Gesamtdarstellungen

F. Furet / D. Richet, Die Französische Revolution. München ²1980
M. Göhring, Weg und Sieg der modernen Staatsidee in Frankreich. Tübingen 1946
M. Göhring, Geschichte der Großen Revolution. 2 Bände. Tübingen 1950/51
K. Griewank, Die Französische Revolution 1789–1799. Köln ⁴1972
F. Hincker / C. Mazauric, Histoire de la France contemporaine. Band 1: 1789–1799. Paris 1977
J. Jaurès, Histoire socialiste de la Révolution française. Hrsg. v. A. Soboul in 7 Bänden. Paris 1968–1973
P. Kropotkin, Die Französische Revolution. Weimar ³1948
G. Lefebvre, La Révolution française. Paris ⁶1968
W. Markov / A. Soboul, Die Große Revolution der Franzosen. Köln 1977
A. Mathiez, Die Französische Revolution. 3 Bände. Frankfurt a. M. 1950
A. Soboul, Die Große Französische Revolution. Ein Abriß ihrer Geschichte (1789–1799). Frankfurt a. M. ²1976
A. Soboul, Kurze Geschichte der Französischen Revolution. Berlin 1977
M. Vovelle, Die Französische Revolution. Soziale Bewegung und Umbruch der Mentalitäten. München/Wien 1982
E. Weis, Der Durchbruch des Bürgertums 1776–1847, in: Propyläen Geschichte Europas, Bd. 4. Frankfurt a. M. / Berlin / Wien 1978

2. Einzelstudien und Quellen in deutscher Sprache

G. Babeuf, Der Krieg zwischen Reich und Arm. Hrsg. von P. Fischer. Berlin 1977
P. Fischer (Hrsg.), Reden der Französischen Revolution. München 1974
W. Grab (Hrsg.), Die Französische Revolution. Eine Dokumentation. München ²1975
G. Landauer, Die Französische Revolution in Briefen. 2 Bände, Hamburg 1967 (Reprint)
W. Markov / A. Soboul, Die Sansculotten von Paris. Dokumente zur Volksbewegung 1793–1794. Berlin 1957
W. Markov, Volksbewegungen der Französischen Revolution. Frankfurt a. M. 1978
W. Markov, Revolution im Zeugenstand. Frankreich 1789–1799. 2 Bände, Leipzig 1982
J. Michelet, Die Frauen in der Französischen Revolution. Frankfurt a. M. 1983
G. Pernoud und *S. Flaissier,* Die Französische Revolution in Augenzeugenberichten. München ⁵1983
G. Rude, Die Volksmassen in der Geschichte. England und Frankreich 1730–1848. Frankfurt a. M. / New York 1977
E. Schmitt (Hrsg.), Die Französische Revolution. Köln 1976
G. Semmer (Hrsg.), Ça ira. 50 Chansons, Chants, Couplets und Vaudevilles aus der Französischen Revolution 1789–1795. Berlin 1958
A. Soboul, Französische Revolution und Volksbewegung: die Sansculotten. Hrsg. von W. Markov. Frankfurt a. M. 1978
C. Träger (Hrsg.), Mainz zwischen Rot und Schwarz. Die Mainzer Revolution 1792–1793 in Schriften, Reden und Briefen. Berlin 1963

3. Zu Einzelpersönlichkeiten

Babeuf
K. H. Bergmann, Babeuf Gleich und Ungleich. Köln/Opladen 1965

Danton
H. Wendel, Danton. Königstein/Ts. ²1978

Fouché
H. v. Hentig, Fouché, in: Ders., Terror. Frankfurt a. M. / Berlin 1970, S. 127 ff.
St. Zweig, Joseph Fouché. Bildnis eines politischen Menschen. Leipzig 1929

Marat
Marat, Ausgewählte Schriften. Hrsg. von C. Mossé. Berlin 1954

Napoleon
M. Göhring, Napoleon – Vom alten zum neuen Europa. Göttingen ³1975
G. Lefebvre, Napoléon. Paris 1936
A. Maurois, Napoleon in Selbstzeugnissen und Bilddokumenten. Hamburg 1966 (rororo-Monographien)
J. Tulard, Napoleon oder der Mythos als Retter. Tübingen ²1979

Robespierre
J.-Ph. Domecq, Robespierre, Dernier Temps. Paris 1984
H. v. Hentig, Robespierre, in: Ders., Terror. Frankfurt a. M. / Berlin 1970, S. 21 ff.
J. Massin, Robespierre, Berlin 1968
M. Robespierre, 1758–1794. Hrsg. von W. Markov. Berlin ²1961
M. Robespierre, Ausgewählte Texte. Hamburg 1971
F. Sieburg, Robespierre. Frankfurt a. M. 1935, Neuauflage Stuttgart 1978

Roux
W. Markov, Die Freiheiten des Priesters Jacques Roux. Berlin 1970

Sieyès
Sieyès, Politische Schriften 1788–1790. Darmstadt/Neuwied 1975

Saint-Just
H. v. Hentig, Saint-Just, in: Ders., Terror. Frankfurt a. M. / Berlin 1970, S. 101 ff.

Talleyrand
D. Cooper, Talleyrand. Frankfurt a. M. ²1979

4. Zur Historiographie der Französischen Revolution

F. Furet, 1789 – Vom Ereignis zum Gegenstand der Geschichtswissenschaft. Berlin 1980. (Französischer Originaltitel: Penser la Révolution française. Paris 1978)
A. Gérard, La Révolution française, mythes et interpretations, 1789–1970. Paris 1970
W. Grab (Hrsg.), Die Debatte um die Französische Revolution. München 1975
I. Hartig (Hrsg.), Geburt der bürgerlichen Gesellschaft 1789. Beiträge von E. Labrousse, G. Lefebvre, A. Soboul, M. Dommanget, M. Vovelle. Frankfurt a. M. 1979
W. Markov, Jacques Roux oder vom Elend der Biographie. Berlin 1966
E. Schmitt, Einführung in die Geschichte der Französischen Revolution. München ²1980

Grundbegriffe der Französischen Revolution

Ancien-Régime: Vor 1789 in Frankreich bestehende Staats- und Gesellschaftsordnung: zentralistischer Staat, absolute Monarchie, Ständeordnung mit zwei privilegierten Ständen, Adel und Klerus, die ökonomische und soziale Vorrechte gegenüber dem Dritten Stand – der Mehrheit der Nation – besaßen und von dessen Abgaben lebten (vgl. Q 9–13, 17–22, 31–33).

August, 10., 1792: Erstürmung der Tuilerien, Sturz des Königtums (vgl. Zeittafel).

Babouvismus: Die von Babeuf nach dem Sturz Robespierres entwickelte frühkommunistische Lehre. Der geheim organisierte Aufstand (Verschwörung der Gleichen) sollte den Weg zur Gesellschaft der wirklichen Gleichheit ebnen (vgl. Q 83, 84).

Bergpartei: Im Nationalkonvent verfügten die Jakobiner über etwa 120 Vertreter, die ihre Plätze erhöht auf der linken Seite eingenommen hatten, daher der Name Montagnarden (Berg = frz. montagne). Auf sie stützte sich die Politik des Terrors gegen die Girondisten, sowie die innere Gegenrevolution, und später gegen die „Nachsichtigen" um Danton, wie auch schließlich gegen die ultra-linken Wortführer (Enragés und Hébertisten). Für die Zeit vom September 1793 bis zum Juli 1794 kann man die Montagnarden mit den Jabobinern gleichsetzen.

Brumaire, 18. = 9./10. November 1799, Staatsstreich, durch den der General Bonaparte das Direktorium stürzte und es durch das Konsulat ersetzte (vgl. Q 85–88).

Cercle social: Eine im Januar 1790 begründete Gesellschaft von Intellektuellen, in deren Auftrag seit Oktober 1790 die Zeitung „Der Eisenmund" erschien, die einen „sozialen Egalitarismus" propagierte.

Cordeliers: Von Danton 1790 in Paris gegründeter demokratischer Klub, der im ehemaligen Kloster der Cordeliers tagte. Ihm gehörte auch Marat an. 1791 wurde hier schon der Sturz des Königs gefordert. Unter dem Konvent äußerte sich hier die ultra-linke Opposition. Nach der Hinrichtung der Hébertisten wurde der Klub geschlossen.

Direktorium: Staatsform, die 1795 durch die vom Restkonvent beschlossene Verfassung begründet wurde, mit fünf Direktoren an der Spitze (vgl. Q 81, 82). Während des Direktoriums verschärfte sich die Wirtschaftskrise, damit die soziale Not, royalistische Umtriebe griffen um sich, im Zuge der Eroberungskriege entwickelte sich der Nationalismus.

Enragés (= Wütende, Besessene): Ultra-linke Opposition 1792–1793 gegen die Jakobinerherrschaft, die die reale Gleichheit forderte, d. h. Maßnahmen gegen die Reichen (vgl. Q 66).

Föderalismus: Gegenrevolutionäre Rebellion gegen den Konvent, die nach dem Sturz der Gironde in mehreren Provinzen im Mai 1793 ausbrach. Einige der flüchtigen Girondisten setzten sich an die Spitze der Bewegung. Erst im Dezember 93 gelang es der Revolutionsarmee, mit der inneren Gefahr fertig zu werden. Die Schreckensherrschaft erklärt sich zum großen Teil durch die innere 2. Front, die den Fortbestand der Republik bedrohte (vgl. Q 62, 69).

Girondisten: Im Jakobinerklub (s. Stichwort „Jakobiner") die Mitglieder um Brissot, Roland, Condorcet, Vergniaud (zum Teil aus dem Departement Gironde gebürtig), die im September 1792 aus dem Jakobinerklub ausgeschlossen und von denen 83 verfolgt wurden. Die überlebenden Girondisten haben nach dem 9. Thermidor wieder eine Rolle gespielt. Gewöhnlich ordnet man die Girondisten als Interessenvertreter der Großbourgeoisie ein (vgl. Q 44, 57, 64).

Grundsätze von 1789: Vgl. „Menschen- und Bürgerrechte".

Hébertisten: So wird häufig und unzutreffend die gesamte revolutionäre Volksbewegung bezeichnet. Im engeren Sinne die Gruppe von ultralinken Kritikern der Konventspolitik um Hébert, nach dem Untergang der Enragés. Sie drängten den Konvent zu Terrormaßnahmen gegen Verdächtige, sie propagierten die „Entchristlichung", d.h. den Kampf gegen die christliche Kirche und Religion. Ihre Anführer wurden im März 1794 hingerichtet (vgl. Q 43).

Jakobiner: Mitglieder des wichtigsten Klubs der FR, so genannt nach ihrem Pariser Tagungsort, dem Dominikanerkloster St. Jakob; hervorgegangen aus dem „Bretonischen Klub" der Abgeordneten in Versailles Oktober 1789. Sein Einfluß beruhte vor allem darauf, daß sich in ganz Frankreich ähnliche Klubs bildeten, die miteinander korrespondierten (vgl. Q 38). Zu einer ersten Spaltung kam es, als die Vertreter des liberalen Adels und des Großbürgertums, die die Revolution mit der Verfassung von 1791 beendet wissen wollten, einen eigenen Klub, den der Feuillants, bildeten. Dann ging die Führung des Klubs auf die Gruppe der Girondisten über (vgl. Q 44, 45). Nach dem 10. August 1792 setzten Robespierre und seine Anhänger den Ausschluß der Girondisten durch, die damals die Regierungsverantwortung trugen und denen von der Bergpartei und den Volksmassen Unfähigkeit in der Kriegsführung und in der Wirtschaftspolitik vorgeworfen wurde (vgl. Q 64). So kam es im Mai 1793 zum Sturz der Girondisten und im Oktober zur Hinrichtung ihrer führenden Männer. Von da an war der Wohlfahrtsausschuß das Werkzeug des Jakobinerklubs (vgl. Q 68). Nach dem 9. Thermidor wurde der Jakobinerklub von den Thermidorianern aufgelöst.

Kommune von Paris: Im Anschluß an den Bastille-Sturm konstituierte sich der Pariser Wahlmännerausschuß des Dritten Standes als „Kommune", d.h. als Gemeinderat mit einem Bürgermeister. Mit dem Aufstand vom 10. August 1792 ging die Macht in Paris auf die „insurrektionelle Kommune vom 10. August" über, die über die bewaffneten Sektionen der Stadt verfügte (vgl. Q 52). Die Volksbewegung und die Hébertisten hatten hier eine Plattform, von der aus sie Druck auf den Konvent ausübten. Nach dem 9. Thermidor wurde die „Kommune" aufgelöst.

Konsulat: 1799–1804, die Regierungsform, in die das Direktorium durch den Staatsstreich des Generals Bonaparte verwandelt wurde. An der Spitze standen drei Konsuln, mit Bonaparte als ranghöchstem (vgl. Q 88, 89).

Levée en masse: Volksaufgebot, durch das die allgemeine Wehrpflicht eingeführt und alle Energien für den Verteidigungskrieg mobilisiert wurden. Von den Sansculotten vorgeschlagen, vom Konvent am 23. August 1793 beschlossen (vgl. Q 70).

Loi agraire: „Ackergesetz" – eine immer wieder erhobene Forderung auf „Gleichheit des Besitzes", die auf die Aufteilung des Großgrundbesitzes zielte (vgl. Q 64).

Menschen- und Bürgerrechte: 1. Erklärung der Nationalversammlung vom 26. August 89 über die „natürlichen, unveräußerlichen und geheiligten Menschenrechte" als Präambel der noch zu schaffenden Verfassung (vgl. Q 30, 34); 2. die Artikel 1 bis 35 der Verfassung der Französischen Republik vom 24. Juni 1793 (vgl. Q 65a).

Montagnarden: Vgl. „Bergpartei".

Nationalkonvent: Die nach dem Sturm auf die Tuilerien am 10. August 1792 und der Selbstauflösung der Gesetzgebenden Versammlung nach allgemeinem Wahlrecht gewählte Volksvertretung, die in ihrer 1. Sitzung am 21. September

1792 das Königtum in Frankreich als für immer abgeschafft erklärte und eine republikanische Verfassung ausarbeitete (vgl. Q 53, 56a und b).

Nationalversammlung: Zu unterscheiden:

1. die Konstituante oder Verfassungsgebende Versammlung 1789–1791, aus den Generalständen hervorgegangen,
2. die Legislative oder Gesetzgebende Versammlung 1791–1792,
3. der Nationalkonvent, gleichbedeutend mit Konvent 1792–1795.

Sansculotten (= ohne Kniehosen): Damit wurden die aktiven Revolutionäre aus dem Volk bezeichnet. Der Name erklärt sich aus ihrer Tracht: Die Männer aus dem Volk trugen im Gegensatz zu den Aristokraten die lange Hose (pantalon). Sie rekrutierten sich aus Kleinbürgern (insbes. Handwerkern und Gewerbetreibenden) und Arbeitern in Paris. Zumeist Passivbürger – d. h., entsprechend der Verfassung von 1791, Bürger, deren Beteiligung an der politischen Willensbildung eingeschränkt war, weil sie nicht genügend Steuern zahlten (vgl. Q 39–41) –, ließen sie die Unterscheidung von Aktiv- und Passivbürgern nicht gelten und beanspruchten das Recht der politischen Mitsprache. Ihr Sammelpunkt waren die Sektionen, Sektionsgesellschaften, Volksgesellschaften, von wo aus sie zeitweise die Kommune von Paris beherrschten. Von da aus setzten sie die Gesetzgebende Versammlung unter Druck (10. August 1792) und später den Konvent (vgl. Q 48, 51, 52). So wie sie zur Schaffung der Republik gedrängt hatten, trugen sie am 31. Mai / 2. Juni 1793 zum Sturz der Girondisten bei und verhalfen den Montagnarden zur Macht (vgl. Q 64). In der Folge dämmte der montagnardische Konvent die direkte Demokratie der Sansculotten ein und befriedigte deren Ansprüche nur zögernd und unvollkommen (vgl. Q 66, 71, 72). Diese mobilisierten sich dann auch nicht mehr, um am 9. Thermidor den Sturz Robespierres zu verhindern. Danach kam es jedoch zu Aufständen der Sansculotten (im März-Germinal und Mai-Prairial 1795), die von den Thermidorianern „Brot und die Verfassung von 1793" verlangten (vgl. Q 80). Diese Aufstände wurden niedergeschlagen. Babeufs „Verschwörung der Gleichen" 1796 war ein letzter Versuch, die sansculottischen Kräfte zu mobilisieren (vgl. Q 83, 84).

Schreckensherrschaft (= la terreur): Vom 17. September 1793 bis zum Sturz Robespierres am 27. Juli 1794, gekennzeichnet durch die diktatorische Gewalt des Wohlfahrtsausschusses, vor allem mittels der Einsetzung der Revolutionsregierung durch den Konvent, des Gesetzes über die Verdächtigen (vgl. Q 73) und des verschärften Gesetzes über das Revolutionstribunal (10. Juni 1794: Großer Schrecken). Höhepunkt des Schreckens Juni–Juli 1794 mit 1400 Hinrichtungen. Hintergrund: die Konterrevolution im Inneren.

Sektionen: Paris wurde 1790 in 48 Sektionen (statt der alten 61 Distrikte) aufgeteilt. Die regelmäßig tagenden Vollversammlungen der Sektionen waren Ausdruck direkter Demokratie und wurden zum Ausgangspunkt von immer neuen und stets verschärften Protestbewegungen (vgl. Q 48, 51).

Terror: Vgl. „Schreckensherrschaft".

Terror, weißer: Terror, der 1795 nach dem Sturz Robespierres in vielen Städten, vor allem in Paris, von royalistischen Jugendbanden, die sich an Jakobinern und Sansculotten rächen wollten, ausgeübt wurde. Zweite Welle 1815, nach dem Sturz Napoleons.

Thermidor, 9., 1794: Sturz Robespierres und seiner Anhänger am 27. Juli 1794, Beginn der Herrschaft der Thermidorianer.

Vendée: Westfranzösisches Departement, in dem sich ab März 1793 eine bewaffnete Rebellion gegen die Revolution entwickelte, die erst 1795–96 endgültig niedergeschlagen wurde und viele Opfer auf beiden Seiten kostete.

Wohlfahrtsausschuß (= Comité de Salut public): Vom Konvent am 6. April 1793 zwecks Überwachung der Verwaltung und zur Ergreifung dringender Maßnahmen der inneren und äußeren Verteidigung geschaffen. Unter der Führung Robespierres entwickelte er sich zu der obersten revolutionären Regierungsgewalt (vgl. Q 68, 73, 74, 75, 76, 78, 79).

Zensuswahlsystem: Ein Wahlrecht, das an eine Mindeststeuerleistung gebunden ist, mit der Unterscheidung zwischen Aktiv- und Passivbürgern, so wie in der Verfassung für die konstitutionelle Monarchie 1791 (vgl. Q 39, 41) und in der Direktorialverfassung 1795 (vgl. Q 81, 82). Hingegen verlieh die vom Konvent 1793 beschlossene republikanische Verfassung allen Bürgern das gleiche Wahlrecht, so wie auch der Konvent selbst bereits nach diesem Wahlrecht gewählt wurde (vgl. Q 65 b). Wegen dieses Wahlrechts haben 1848 die revolutionären Sozialisten die Verfassung von 1793 als Vorbild betrachtet.

Thematisch bestimmte Fragen

Die folgenden Fragen sind den einzelnen Kapiteln zugeordnet und sollen didaktische Hilfen für die Erschließung der Texte und Abbildungen im Sinne einer übergeordneten Problematik leisten. Zur Beantwortung sollten natürlich auch Zeittafel und Anmerkungen benutzt werden. Die Fragen zielen weniger auf textimmanente Interpretation als auf historische Reflexion, die die Bedeutung der Revolution für die spätere Geschichte und uns selbst miteinschließt.

I

1) Welche Anstöße hat Frankreich von England und der amerikanischen Unabhängigkeitsbewegung bekommen?
2) Welche Beziehung besteht in Rousseaus „Gesellschaftsvertrag" zwischen Freiheit und Gesellschaft?
3) Was war an der „Enzyklopädie" so gefährlich für den absolutistischen Staat, daß sie zeitweise verboten wurde?
4) Welche Rolle spielt die Arbeit im Gleichheitskonzept von Mably?

II

1) Was erfahren Sie über die Gesellschaftsstruktur Frankreichs gegen Ende des 18. Jahrhunderts?
2) Was waren die Beweggründe und Ziele derer, die den ersten Stoß gegen das Ancien Régime führten?
3) Was verband die Unzufriedenen aus den verschiedenen sozialen Schichten?
4) In welche Richtung gingen die Forderungen des Dritten Standes?
5) Welche Möglichkeiten und Perspektiven blieben der Monarchie?
6) Was erwarteten die Zeitgenossen von der Einberufung der Generalstände?

III

1) Worum ging es dem Königtum zwischen 1787 und 1789? Vergleichen Sie Q 25, Q 12 und Q 33!
2) Wie erklären Sie den Autoritätsschwund des Königs nach dem Zusammentritt der Generalstände? Welchen Anteil hatte das Königtum, nachdem die Generalstände einmal zusammengetreten waren, an der Erneuerung Frankreichs?
3) Welche Bedeutung hatte die Erstürmung der Bastille für die Zeitgenossen und für die Nachwelt?
4) Worin bestanden im Ancien Régime die Privilegien? Welche Folgen mußte die Abschaffung der Privilegien haben? Vergleichen Sie Q 9, Q 15 und Q 17!
5) Welche Ideen und Forderungen der Aufklärungsphilosophie haben die Erklä-
5) rung der Menschen- und Bürgerrechte bestimmt? Vergleichen Sie Q 4 und Q 34 (Abs. 1–6), Q 1 und Q 34 (Abs. 17), Q 3 und Q 34!
6) Was haben die Menschen- und Bürgerrechte uns heute noch zu sagen? Welche Institutionen bemühen sich in unserer Zeit darum, die Achtung der Menschen- und Bürgerrechte sicherzustellen?

IV

1) Worin bestanden die Leistungen der Verfassunggebenden Versammlung?
2) Welche Schichten der französischen Bevölkerung mußten durch die Arbeit der Verfassunggebenden Versammlung unbefriedigt bleiben? Warum?

3) Aus welcher Überzeugung übte Robespierre Kritik am Werk der Verfassunggebenden Versammlung?
4) Was für Konsequenzen hatte die Kirchenpolitik der Verfassunggebenden Versammlung?
5) Was steckt an liberalistischem Gedankengut im Gesetz Le Chapelier? Wie ist dieses Gesetz in heutiger Sicht zu beurteilen?
6) Inwieweit sind die 17 Artikel der Erklärung der Menschen- und Bürgerrechte (Q 34) in die Verfassung des Jahres 1791 eingegangen? Worin bestehen die Unterschiede zwischen den beiden Dokumenten, und wie sind sie zu bewerten?
7) Welche Formen der politischen Öffentlichkeit entwickelten sich mit Beginn der Revolution? Über welche Kanäle erfolgte die Meinungsbildung?
8) Welche Prinzipien lagen dem Dekret über die Judenbefreiung (Q 42) zugrunde? Welche Kräfte haben später die Judenbefreiung in Frage gestellt?

V

1) Welche Argumente wurden für und gegen den Krieg ins Feld geführt? Vergleichen Sie Q 44, Q 45 und Q 46! Wie sind diese Argumente zu beurteilen?
2) Inwiefern übte der Krieg einen Einfluß auf die französische Innenpolitik aus?
3) Wodurch wurde der Untergang der Monarchie herbeigeführt? Wie hatte sich der König gegenüber der Revolution verhalten?
4) Warum kann man den 10. August 1792 als einen Putsch beurteilen? Welchen anderen Begriff würden Sie vorziehen?
5) Welche Forderungen erhoben die Volksmassen gegenüber der Teuerung und der äußeren Gefahr? Wie verhielten sie sich gegenüber der von den Volksvertretern betriebenen Politik?
6) Was für eine Bedeutung hatte der revolutionäre Krieg für die moderne Kriegführung?
7) Welche Formen nahm die politische Auseinandersetzung in der Nationalversammlung an? Welche Rolle spielte der Jakobinerklub in der politischen Entscheidungsbildung?

VI

1) Warum entledigte sich die Republik des Königs durch seine Hinrichtung? Wie beurteilen Sie diesen Vorgang?
2) Welches waren die Ursachen und Beweggründe der Gegenrevolution? Wie ging sie vor? Warum war sie eine wirkliche Gefahr für die Republik? Welche anderen Gefahren bedrohten die Republik?
3) Worin bestanden die Gegensätze zwischen Gironde und Montagne?
4) Was für einen Charakter hatte die Verfassung von 1793? Zeigen Sie Übereinstimmungen und Unterschiede zur Verfassung von 1791 auf (beziehen Sie auch die Menschen- und Bürgerrechte ein)! Welche dieser Verfassungen steht uns heute näher?
5) Wie war das Verhältnis der Sansculotten zu den Jakobinern vom August 1792 bis zum 9. Thermidor?
6) Auf welches Gesellschaftsideal wollte Robespierre die französische Republik verpflichten?
7) Gegen wen richtete sich die revolutionäre Diktatur? Was bezweckte sie? Wie wirkte sie sich aus? Wie ging die Diktatur unter, und was besagt ihr Untergang über ihren Charakter?

8) Wieso kann man behaupten, die Jakobiner seien schuld am Untergang der französischen Republik?
9) Ist es berechtigt zu sagen, die Jakobinerdiktatur habe den Keim zum Totalitarismus und sein Gegenteil dazu enthalten?
10) Welchen Einfluß haben die Umstände, vor allem der Krieg, auf die Entwicklung der Terreur ausgeübt?
11) Welche Bedeutung hätte die Errichtung der Mainzer Republik für die deutsche Geschichte gewinnen können?

VII

1) Was veränderte sich grundlegend am politischen System nach der Niederlage der Robespierristen? Welcher Art war die Freiheit, die die Thermidorianer verteidigten?
2) Was unterschied die Verfassung von 1795 von der der Jakobiner? Vergleichen Sie Q 82, Q 65 a und Q 41!
3) Welche gesellschaftlichen Schichten stützten das Direktorium? Welche Formen nahm die Opposition von links an? Was waren ihre Ziele? Welche geschichtliche Bedeutung kommt dieser linken Opposition zu?
4) Vergleichen Sie den Satz von Robespierre (Q 79): ,,Lockert für einen Augenblick die Zügel der Revolution, und Ihr werdet sehen, wie der militärische Despotismus diese Zügel ergreift und wie der Führer der Cliquen die entwürdigte Nationalversammlung stürzt" mit den Äußerungen von Bonaparte in Q 85 und seinem Aufstieg!
5) Warum wird das Jahr 1799 allgemein als Endpunkt der Revolution, deren Anfang auf 1789 datiert wird, genannt?
6) Inwiefern kann man das, was in Frankreich zwischen 1789 und 1799 geschah, als ,,bürgerliche Revolution" bezeichnen?
7) Was blieb im Kaiserreich Napoleons von den Errungenschaften der Revolution erhalten? Was blieb von den ab 1799 geschaffenen Institutionen über das Kaiserreich hinaus erhalten?
8) Worin brach das Kaiserreich mit der Revolution?
9) Worauf gründete die Macht Napoleons? Wie kann man sein Herrschaftssystem bezeichnen?
10) Wohin hatten die revolutionären Kriege und ihre Fortführung durch Napoleon Bonaparte Frankreich bis 1804 geführt? Waren die anfänglich gegebenen Versprechungen eingelöst worden?
11) Welche Rolle spielte Frankreich nach dem Ende der Revolution in Europa? Wie war durch die Französische Revolution das davor bestehende europäische System der Mächte verändert worden?